Charlotte Kerner
»Alle Schönheit des Himmels«

Charlotte Kerner

»Alle Schönheit des Himmels«

Die Lebensgeschichte der Hildegard von Bingen

Charlotte Kerner, geboren 1950 in Speyer, Studium der Volkswirtschaft und Soziologie, Studienaufenthalte in Kanada und China. Seit 1980 ist sie nur noch schreibend tätig. Sie lebt heute in Lübeck und arbeitet als freie Journalistin und Buchautorin.

Im Programm Beltz & Gelberg erschienen von ihr bisher *Kinderkriegen – Ein Nachdenkbuch, Lise, Atomphysikerin. Die Lebensgeschichte der Lise Meitner* (Deutscher Jugendliteraturpreis 1987), *Seidenraupe, Dschungelblüte. Die Lebensgeschichte der Maria Sibylla Merian* (Auswahlliste zum Deutschen Jugendliteraturpreis), *Geboren 1999. Eine Zukunftsgeschichte* (Auswahlliste zum Deutschen Jugendliteraturpreis) sowie *Nicht nur Madame Curie... – Frauen, die den Nobelpreis bekamen.*

Lektorat Susanne Härtel

5. Auflage, 16.–18. Tausend, 1996
© 1993 Beltz Verlag, Weinheim und Basel
Programm Beltz & Gelberg, Weinheim
Alle Rechte vorbehalten
Lektorat Susanne Härtel
Einband und Reihenlayout von Wolfgang Rudelius
Titelbild von Willi Glasauer
Gesamtherstellung
Druckhaus Beltz, 69494 Hemsbach
Printed in Germany
ISBN 3 407 80736 8

Inhalt

Seite 7
Sich ein Bild machen

Seite 10
Ich sah ein so großes Licht, daß meine Seele erbebte
Kindheit in Bermersheim, die Jugend in der Klause des Klosters Disibodenberg, das Gelübde
1098–1115

Seite 33
Mit dem starken Schilde der Demut
Klosteralltag der Benediktinerin Hildegard, Wahl zur Äbtissin, Mystikerin und Visionärin
1115–1141

Seite 57
Von Wasser umschlossen

Seite 59
Eine Feder wurde berührt, daß sie emporfliege
Erste Niederschrift ihrer Visionen, Schritte in die Öffentlichkeit, päpstliche Anerkennung und Trennung vom Disibodenberg
1141–1150

Seite 83
Ich schaute und sah
Die erste Visionsschrift »Wisse die Wege«, die Komponistin Hildegard

Seite 93
O Reis und Diadem im königlichen Purpur
Gründung und Aufbau des Klosters Rupertsberg, Konflikte mit den Nonnen, erkämpfte Selbständigkeit, prophetissa teutonica
1150–1158

Seite 115
Der Mensch hat Himmel und Erde in sich selber
Die Natur- und Heilkunde Hildegards

Seite 125
Jetzt ist die laue, weibische Zeit
Die Politikerin Hildegard und ihre Predigtreisen, Gründung des Klosters Eibingen, Tod Volmars
1158–1173

Seite 146
Mitten im Weltenbau steht der Mensch
Die zweite Visionsschrift »Der Mensch in der Verantwortung« und das dritte Buch »Welt und Mensch«

Seite 154
Ihr werdet herrlich strahlen in der Engel Gesellschaft
Hildegards Lebensabend, der Kirchenbann, ihr Tod
1173–1179

Seite 173
Zeit ohne Grenze

Seite 176
Quellenverzeichnis

Seite 183
Bildnachweis

Seite 184
Bibliographie

Sich ein Bild machen

Unter den Augen von sechs Zeugen öffnen am 21. März 1852 ein Pfarrer und ein Arzt den kleinen Sarg. Sie entfalten das violette Seidentuch, das den Inhalt bedeckt, und legen es als Unterlage auf einen Seitenaltar der Pfarrkirche. Die etwa sechzig gelblichen, zarten Knochen gehören, wie der Mediziner feststellt, zu einem einzigen weiblichen Körper, die Wirbelsäule läßt sich zusammensetzen.
Einem zweiten Schrein entnehmen die Herren einen kleinen, wohlgeformten Schädel. Die nicht sehr hohe, leicht gewölbte Stirn liegt frei, den Rest umschließt eine Haube aus blauer, mit Gold- und Silberfäden durchwirkter Seide. In einer abgefütterten Tasche, die in die Kopfbedeckung eingearbeitet ist, steckt ein Haargeflecht von gelbbräunlicher Farbe, durchzogen von grauen Strähnen. An die Haube hatte jemand vor langer Zeit mit zwei Nadeln einen Pergamentstreifen geheftet. Rot leuchten die gotischen Buchstaben: *Caput sancte Hildegardis,* das Haupt der heiligen Hildegard.[1]
In Augenschein nehmen die acht Männer noch ein blauseidenes Beutelchen mit drei Haarlocken und ein schwarzbraunes Ordenskleid, das ein Zettel als der »hl. Hildegard Chorkapp« ausweist. Sie inspizieren ferner zwei kunstvoll gefertigte Etuis, die mumifizierte Organe der Heiligen, ihr Herz und ihre Zunge, enthalten sollen.

»Sage mir doch, o Mensch, was warst du, als du noch keinen Leib und keine Seele hattest? Du weißt nicht einmal, wie du selbst geschaffen wurdest, und du willst Himmel und Erde erforschen! Du willst ihre Harmonie und die Einrichtungen Gottes vor dein Gericht ziehen und das Höchste wissen, während du nicht einmal das Geringste zu beurteilen verstehst. Du kannst dir ja nicht erklären, wie du selbst im Körper lebst, oder wie du ihn verlässest...«[2]

Aufgrund eines Berichtes der Schreinöffnung und der umfassenden Untersuchungen zur Herkunft der Gebeine, die der Pfarrer der ehemaligen Eibinger Klosterkirche eigenhändig auf vierhundert Seiten

Als Werk Gottes sieht Hildegard von Bingen die Schöpfung in ihrem Buch »Wisse die Wege«; die kleinen Kreise symbolisierten die sechs Tage der Genesis. Der Mensch riecht schon an der Blume des Bösen und wird fallen. Christus aber beginnt das Werk der Erlösung.

niedergeschrieben hat, erkennt der zuständige Bischof fünf Jahre später die Echtheit der Reliquien an.

Die sterblichen Überreste der Heiligen bleiben in Eibingen, an dem Ort, an dem Hildegard ihr zweites Kloster gegründet hat und der gegenüber der Stadt am anderen Rheinufer liegt. Die Reliquien wurden im Jahr 1929 in einen mit Edelsteinen verzierten goldenen Schrein mit Türen aus Elfenbein umgebettet. Jeder Knochen darin ist

in weiße Gaze gehüllt und mit einer goldfarbenen Borde umwickelt, die echte Granate schmücken. Goldene, ebenfalls mit Granatsteinen besetzte Netze verhüllen Haupt und Haare.
Hildegard von Bingen ist eine Volksheilige, die niemals offiziell heiliggesprochen wurde. Gestorben ist sie in ihrem 81. oder 82. Lebensjahr am 17. September 1179, verehrt wird sie bis heute. In den Marmor des Altars, der ihre Gebeine birgt, sind die Worte gemeißelt: »Heilige Hildegard bitte für uns«. Jeden Herbst, an ihrem Todestag, wird der Schrein geöffnet, und anschließend tragen die Menschen das Reliquiar in einer Prozession durch die Eibinger Dorfstraßen.
Seit über acht Jahrhunderten ist Hildegard immer wieder neu erschaffen worden. Jede Zeit macht sich das Bild, das in die Zeit paßt. Sie scheint nah, wenn sie mit Titeln wie »erste deutsche Ärztin und Naturforscherin« oder gar »Psychosomatikerin« eingeordnet und in die heutige Zeit geholt wird. Sie scheint fast eine von uns zu sein, wenn Koch-, Gesundheits- und Esoterikbücher die Rezepte, Rezepturen und Regeln der Heiligen für den Hausgebrauch aufbereiten. Doch kein gerader Weg verbindet das Heute mit ihr und ihrer Zeit.
Die »vrouwe« Hildegard lebte und wirkte in einer uns sehr fremden und fernen Welt, dem Hochmittelalter, dessen Weltbild und Bilderwelten sie prägten. Zwischen einem dünnen Faktenwissen und gläubiger bis abergläubischer Verherrlichung, zwischen einer aus ihrer Zeit überlieferten Lebensbeschreibung, die mehr Heiligenlegende als historische Chronik ist, und ihren Werken und Briefen laufen die Fäden zusammen, aus denen ihr Lebensbild gewebt werden muß. Hildegard, diese Frau aus dem 12. Jahrhundert, war Äbtissin und Heilkundige, Komponistin und Dichterin, Visionärin und Heilige. Sie wirkte als Prophetin in ihrer Zeit, *prophetissa teutonica* wurde sie genannt. Doch sie wußte, »...daß ich nur ein Mensch bin«.[3]

Ich sah ein so großes Licht, daß meine Seele erbebte

Kindheit in Bermersheim, die Jugend in der Klause des Klosters Disibodenberg, das Gelübde
1098–1115

Die Jahrtausendwende ist vorbei. Noch umspannt das Firmament mit seinen Gestirnen die Weltscheibe, noch drehen sich die Himmelssphären und erzeugen symphonische Klänge. Die Angst der Menschen, der Antichrist könne die Erde heimsuchen und alles vernichten, hat sich nicht bewahrheitet. Das zweite Jahrtausend beginnt. Der erste salische Herrscher Konrad II. legt 1030 den Grundstein für den Speyerer Dom, den größten romanischen Kirchenbau der Christenheit, an dem die besten Architekten und Steinmetze Europas achtzig Jahre lang bauen werden.
Die heilige Hildegard von Bingen wird in dieser Zeit, im Jahr 1098, als Hildegard von Bermersheim geboren.
Zwischen Rhein und Nahe, dem Gebiet, das damals Rheinfranken heißt, liegt die Siedlung Bermersheim, umgeben von Feldern und ausgedehnten Wäldern, im hügeligen Nahegau. Die Bauern und Handwerker leben in einfachen Häusern; Holzpfosten, die in die Erde gerammt sind, bilden das Gerüst der Wände, die aus Brettern gezimmert oder aus lehmverschmiertem Flechtwerk aufgebaut sind. Die Bauten sind mit Stroh oder Holzschindeln gedeckt. Geöltes Papier oder Holzlatten verschließen die kleinen Fenster, die manchmal auch nur zugige Löcher sind. Kalt ist es im Winter, nur der Herd spendet Wärme. Hölzerne Zäune umgeben jedes Einzelgehöft mit seinem Wohnhaus, den Speichern und Ställen. Die ganze Siedlung schützt ein Erd- oder Steinwall.
Der Dorfgemeinschaft steht Hildebert von Bermersheim vor. Der Herrensitz, der aus Stein errichtet ist und zu dem eine kleine Eigenkirche gehört, bezeugt seine hochadelige Stellung. Die Kirche ist bis in unsere Zeit im nördlichen Dorfteil erhalten. Auch einige alte Fensterstürze, die in neue Bermers-

heimer Bauernhöfe eingemauert wurden, erinnern noch heute an das Haus, in dem Hildegard aufwächst.
Das alte Adelsgeschlecht derer von Bermersheim ist bodenständig und seinem Stammsitz im Dorf Bermersheim, das heute nördlich vom Städtchen Alzey liegt, treu geblieben. Im 6. oder 7. Jahrhundert hatten sich in dieser hügeligen Gegend Hildegards Vorfahren niedergelassen, fränkische Edelleute und Dienstmannen, unter ihnen ein Herr Vermer. Der errichtete auf dem fruchtbaren Land seine Hofstatt, die andere Siedler anzog. Um »Vermers Heim«[1] herum wuchs eine Siedlung, die Ende des 11. Jahrhunderts in der mittelhochdeutschen Sprache »Bermersheim« heißt.
Fest verwurzelt in der feudalistischen Ordnung und dem Glauben seiner Zeit lebt der Edelfreie Hildebert. Das Jahr seiner Geburt ist genausowenig überliefert wie das seiner Frau Mechthild. Sicher nimmt das ganze Dorf Anteil, als die Herrin im Jahre 1098 wieder ein Kind erwartet, es ist ihre zehnte Schwangerschaft. Noch verborgen im mütterlichen Schoß, gesichts- und namenlos, regt sich der Fötus zum ersten Mal:

»Wenn aus geheimem verborgenem Befehl und Ratschluß Gottes das Kindlein... nach angemessener göttlich verfügter Zeit den Geist empfängt, zeigt es durch eine Bewegung seines Körpers an, daß es lebt, wie die Erde sich öffnet und fruchtverheißende Blüten treibt, wenn der Tau auf sie gefallen ist. Und eine Feuerkugel, die nicht die Umrisse des menschlichen Körpers hat, nimmt die Gestalt in Besitz. Das ist die Seele, die da brennt im Feuer tiefer Erkenntnis...«[2]

Im Herrenhof sind wahrscheinlich mehrere Hebammen anwesend, als die Geburt bevorsteht. Falls Komplikationen eintreten, haben sie nur wenige Möglichkeiten, einzugreifen. Sie können zum Beispiel versuchen, das Kind in eine normale Geburtslage zu drehen oder mit einem Haken herauszuziehen, doch dabei drohen Blutungen und Infektionen.
Die Sterblichkeit während und nach der Geburt ist hoch, bei Mutter und Kind. Schätzungsweise fünfundzwanzig von tausend Frauen sterben im Kindbett, und ein Drittel der Kinder

erlebt das erste Jahr nicht. Gesund geboren zu werden ist ein noch größeres Wunder als heute. Die Gebete am Wochenbett sind oft Beschwörungsformeln: »O Kind, ob lebendig oder tot, komm heraus, denn Christus ruft dich ans Licht.«[3] Die Frauen, die in den Wehen liegen, rufen Schutzheilige an und lassen sich Kräuter und Heiligenreliquien ins Entbindungszimmer bringen. Sie tragen Geburtsgürtel und umklammern Edelsteine, einen Jaspis zum Beispiel.

»Wenn eine Frau ein Kind gebiert, soll sie von der Stunde an, da die Geburt beginnt, während der ganzen Zeit des *kintbedis* (Kindbetts) einen Jaspis in der Hand halten, und die bösartigen Dämonen werden in dieser Zeit ihr und dem Kind um vieles weniger schaden können. Denn die Zunge der alten Schlange verlangt nach dem Schweiß des aus dem Schoß der Mutter austretenden Kindes; daher bedroht sie zu dieser Zeit gleichermaßen das Kind und die Mutter.«[4]

Mechthild von Bermersheim steht nach heutiger Einschätzung eine Risikogeburt bevor. Sie ist eine Vielgebärende und sicher nicht mehr die Jüngste. Während der Niederkunft hält sich Hildebert vermutlich in der Nähe des Geburtszimmers auf und betet. Gelobt Hildebert hier zum ersten Mal, dieses zehnte Kind Gott zu weihen, falls beide überleben? Er kennt seine Bibel und weiß, das Zehnte ist immer etwas Besonderes: »Gesegnet sei Abraham vom Höchsten Gott, dem Schöpfer des Himmels und der Erde, und gepriesen sei der Höchste Gott, der Deine Feinde an dich ausgeliefert hat. Darauf gab ihm Abraham den Zehnten von allem.« »Jeder Zehnt ist etwas Heiliges für den Herrn.«[5]

An welchem Tag des Jahres 1098 das letzte Kind von Mechthild und Hildebert geboren wird, ist nirgends festgehalten. Manche Biographen vermuten, daß Hildegard zwischen Juni und September das Licht der Welt erblickt, im Sommer oder Früh-

Am Himmel sieht Hildegard ein von Sternen übersätes Trapez, aus dem sich ein Band zu dem Kind windet. Der »göttliche Atem« berührt das Gehirn des Ungeborenen und ergießt sich durch alle Glieder. Schon im Mutterleib beseelt Gott den Fötus.

herbst, wenn die Tage noch lang und warm sind und niemand frieren muß.

»Wenn die Geburt unmittelbar bevorsteht, wird das Gefäß, in das das Kind eingeschlossen ist, zerrissen... Die Seele des Kindes... spürt während dieses Austrittes die Kraft der Ewigkeit, die sie gesandt hat, und sie freut sich unterdessen. Nachdem aber das Kind ausgetreten ist, schickt es sofort einen klagenden Schrei aus, weil es die Finsternis der Welt spürt.«[6]

Das Neugeborene, das mit einem lauten Schrei die Welt begrüßt, ist ein Mädchen. Die Hebammen baden es in lauwarmem Wasser, ölen den Säugling und wickeln ihn in Tücher. Mutter und Vater wählen einen Mädchennamen, der in der Familie Tradition hat: Hildegard. Der erste Teil des Namens, »Hilde«, bedeutet Kampf. Hildegard heißt wörtlich »Ort des Kampfes« oder »Ort der Entscheidung«.[7] Im Laufe eines langen Lebens wird sie diesem Namen gerecht werden und viele innere und äußere Kämpfe führen und bestehen.
Die Taufe besiegelt die Namensgebung. Das Fest wird meist eine Woche nach der Geburt feierlich begangen und selten hinausgeschoben. Die Menschen des Mittelalters glauben nämlich, daß getaufte Kinder bessere Überlebenschancen haben und weniger anfällig für Krankheiten sind. Ungetaufte dagegen bedroht der Tod häufiger, oder Feen rauben die namenlosen Säuglinge. Auch das Ehepaar von Bermersheim achtet sicher darauf, daß das schwächliche Mädchen bald das Sakrament erhält, das seine Erbsünde tilgt und seiner Seele die Freiheit gibt, Gutes zu tun.
Bei Hildegards Taufe geht es nicht anders zu als in anderen adligen Familien. Angereist sind Freunde der Bermersheimer Sippe, darunter die Taufpaten. Sie bringen Geschenke für die Mutter mit, Kuchen und Konfekt zum Beispiel, verzierte Tabletts oder Fackeln und Wachskerzen für die kirchliche Feier. Sie werden reichlich bewirtet.
In der Eigenkirche der Adelsfamilie übergießt der Pfarrer den

Täufling, der ein weißes Taufkleid trägt, mit Weihwasser. Die Paten halten das Kind in den Armen und sprechen als seine Stellvertreter das Glaubensbekenntnis und Vaterunser, um den Satan auszutreiben.

Hildegard wird jeden Tag sorgfältig gewickelt. Ein Wickelkind von damals ist fest geschnürt, fast bandagiert, damit es einen geraden Leib bekommt. Es erinnert an eine Mumie, »und die Seel hat in dem Leib gar hartes Quartier...«[8] Sind »Einengung, ja Einschnürung, die angelegten Fesseln« die ersten unbewußten Erfahrungen der Kinder im Mittelalter?

Hildegard hat als betagte Nonne geschrieben, wie Gott »die Zeiten des Jahres« im Menschen »durchordnet« (siehe auch Seite 149). Jeder Monat entspricht nicht nur einem Lebensabschnitt, sondern steht auch für einen Körperteil und versinnbildlicht eine bestimmte seelische Entwicklung. Der Januar ist das Symbol der frühen Kindheit, wie sie auch Hildegard durchlebt hat.

»Im ersten Monat erhebt die Sonne sich wieder... Seine Eigenschaften gleichen dem Gehirn... So wirkt die Seele voller Freude in der Kindheit des Menschen, jener Zeit, die noch keine Arglist kennt und die fleischliche Lust nicht spürt. Noch wird sie ja nicht genötigt, wider die eigene Natur zu handeln. In solcher Kinderzeit, deren Wunschleben so einfältig und unschuldig erscheint, zeigt sich die Seele in ihrer ganzen Kraft. Wie... die Sonne sich im ersten Monat wieder erhebt, so ist auch die Seele in diesem frühen Lebensalter nicht verstockt und nicht völlig verdunkelt...«[9]

Als Hildegard ein Jahr alt ist, erreicht der erste Kreuzzug Jerusalem, und die Kreuzfahrer singen vor den Toren der eroberten Stadt:

Von Blut viel Ströme fließen,
indem wir ohn' Verdrießen
das Volk des Irrtums spießen –
Jerusalem, frohlocke!

Stoßt sie in Feuersgluten!
Oh, jauchzet auf, ihr Guten,
dieweil die Bösen bluten –
Jerusalem, frohlocke![10]

In Hildegards drittem Lebensjahr beginnt das 12. Jahrhundert. Heinrich IV. herrscht im Heiligen Römischen Reich. Der Salierkönig hatte im Jahr 1077 den berühmten Gang nach Canossa angetreten und durch einen Kniefall erreicht, daß der Papst den Kirchenbann von ihm nahm. Doch Kirche und Kaiser ringen weiter um die Vorherrschaft. Wer darf die Geistlichen in ihre Ämter einsetzen? Dieser Investiturstreit wird bis ins Jahr 1122, bis zum Wormser Konkordat, andauern.

Die Gesellschaft des Hochmittelalters, in die Hildegard hineingeboren wird, ist dreigeteilt in Beter, Krieger und Arbeiter. Die Geistlichen dienen Gott durch ihren Gottesdienst, die Gebete und die Belehrung. Die Vornehmen schützen die Kirche und die Waffenlosen. Die Arbeitenden, die Masse der Bauern, ernähren die beiden andern. Niemand stellt diese Ordnung in Frage.

Alter und hoher Adel sind die Edelfreien, die *liberi* oder *nobiles viri*, zu denen Hildebert von Bermersheim gehört. Sie unterscheiden sich streng von den Rittern und Ministerialen, die in dieser Zeit auch sichtbar an Einfluß gewinnen und sich im wahrsten Sinne des Wortes bald über die anderen erheben: Sie errichten zunächst Wohntürme in den Dörfern und siedeln dann immer häufiger auf Hügeln und Bergen. In den Mauern der wachsenden und neugegründeten Städte entwickelt sich eine neue gesellschaftliche Gruppe: die Bürger.

Geeint sind alle, vom Adligen bis zum Bettler, vom Kaiser bis zum Bauern, in einem heute kaum vorstellbaren unerschütterlichen Glauben an Gott Vater, Christus seinen Sohn und den Heiligen Geist. Das Leben ist nur eine Reise, an deren Ende die Gläubigen das Paradies erwartet.

Menschenmassen durchwandern Europa, sie pilgern nach Santiago de Compostela oder Rom. Der Aufruf des Papstes Urban II. zum ersten Kreuzzug hat im Jahre 1095 Zehntau-

Ich sah ein so großes Licht, daß meine Seele erbebte

Der Weltenrichter über den Regenbögen befiehlt dem geistlichen Stand (links): »Du sollst demütig beten.« Die Adligen, angeführt vom Kaiser mit der Bügelkrone, sollen »Schutz gewähren.« Der dritte Stand, die Bauern, hören: »Und du sollst arbeiten.«

sende über alle europäischen Grenzen hinweg vereint. Es ist eine Zeit des Aufbruchs und der Öffnung, in der griechische und arabische Schriften ins Lateinische übersetzt und nach Deutschland gebracht werden. Das Bewußtsein erwacht, *ein christliches Abendland* zu sein.

Hildegard wächst in einer Epoche auf, die heute immer noch vorschnell »finsteres Mittelalter« genannt wird. Doch mit diesem Namen verhöhnte die Aufklärung eine Zeit, die sie nicht verstand und die ein ganzes Jahrtausend umspannt, in dem es Höhen und Tiefen, Finsteres und Helles gab.

Finster ist das Jahrhundert Hildegards in einem ganz wörtlichen Sinn: »Das Mittelalter ringt um Licht.«[11] Dunkel sind die Wohnstuben und Straßen, die Kienspan, Fackel und Öllampen spärlich beleuchten. Wachskerzen sind Kostbarkeiten. Das einfache Volk, das eine von unzähligen Kerzen erleuchtete Kirche betritt, muß geblendet und überwältigt gewesen sein. Licht ist schön und göttlich. Gott ist Licht.

Wie die Sprache, die Schrift und das Lesen ist »Licht« eine Sache des Standes: Je niedriger und einfacher die Herkunft eines Menschen ist, um so dunkler lebt er, dunkel auch im

Geiste. Bauern lernen nie lesen und schreiben, ihre »Schrift« sind die Bilder. Sie lesen nicht die Bibel, sondern sehen die Darstellungen in der Kirche und lauschen den Worten der Priester.

Hildegard wächst in einer »hellen« und heilen Welt auf. Ihre Familie ist begütert. Eine Amme, die ins Herrenhaus kommt, stillt und betreut die heranwachsende Hildegard allein. Dies ist auch in adligen Kreisen ein Privileg.

Von zwei Geschwistern Hildegards sind keine Namen überliefert, wahrscheinlich raffte sie schon früh eine Krankheit oder Seuche hinweg. Tod und Krankheit ist Hildegard nicht nur in der eigenen Familie begegnet, sie sind allgegenwärtig. Die adligen Gruppierungen tragen im Reich eine Vielzahl bewaffneter Fehden aus, sie zerstören Siedlungen und Ernten und bringen der schutzlosen Landbevölkerung Tod, Elend und Not. Die Mehrheit der Menschen lebt noch auf dem Land. Als in den ersten Jahrzehnten des 12. Jahrhunderts ungünstige Witterungsverhältnisse herrschen, suchen schreckliche Hungersnöte das Salierreich nördlich der Alpen heim. Auch durch Hildegards Heimatdorf ziehen Bettler und Sieche auf der Suche nach Hilfe. Als Kind sieht auch sie die Pestkranken, die Aussätzigen und Menschen, die das »Antoniusfeuer« verzehrt. Diese dritte Massenerkrankung des Mittelalters ist eine Vergiftung, die ein dunkles, von Pilzen befallenes Weizenkorn, das Mutterkorn, auslöst. Die schreckliche Seuche wütet häufig in den Monaten nach der Ernte. Die Erkrankten, deren Leiden unter der Haut wie ein unsichtbares Feuer schwelt, rufen den heiligen Antonius um Hilfe an, doch meistens vergeblich. »Ihre Glieder, nach und nach zernagt, wurden schwarz wie Kohle«, berichtet ein Chronist. »Sie starben schnell unter grauenhaften Qualen, oder sie setzten ohne Füße und Hände ein noch schrecklicheres Leben fort. Viele wanden sich in nervösen Krämpfen«.[12] Krankheit erleben die Menschen als unabwendbares Schicksal. Von Geburt an tragen sie »das Merkmal der Mühsal und der Sterblichkeit«[13].

Hildegard fühlt sich in dem großen Geschwisterkreis aufgehoben. Die Schwester Clementia wird ihr später ins Kloster

Vom »Antoniusfeuer« befallene Bettler liegen am Wegesrand.

folgen, die Lebenswege von Irmengarth, Odilia, Judda und dem ältesten Bruder Drutwin verlieren sich. Vielleicht singt Bruder Hugo, der später zum Domkantor in Mainz aufsteigt, gern mit der jüngsten Schwester und teilt mit ihr in frühen Jahren die Liebe zur Musik; und Rorich, der auch eine geistliche Laufbahn einschlägt und Priester wird, liest ihr möglicherweise aus der Bibel vor. Die acht Kinder haben sicher einen Hund, mit dem sie herumbalgen. Sonst hätte Hildegard dieses Haustier in ihrer »Naturkunde« nicht so liebevoll geschildert:

»Der Hund ist sehr warm und hat in seiner Natur und seinen Gewohnheiten etwas vom Menschen. Deshalb fühlt und kennt er den Menschen, liebt ihn, hält sich gerne bei ihm auf und ist ihm treu. Der Teufel haßt den Hund wegen seiner Treue zum Menschen und schreckt vor ihm zurück. Der Hund erkennt

Haß, Zorn und Unredlichkeit am Menschen und knurrt oft darüber... Auch Freude und Trauer des Menschen fühlt er vorher. Wenn Freudiges bevorsteht, bewegt er froh den Schwanz, wenn Trauriges bevorsteht, heult er traurig.«[14]

Mit Puppen, Bällen und Brettspielen vertreiben sich die Adelskinder zu Hause die Zeit, und sie durchstreifen die umliegenden Felder und Wiesen. Hildegard beobachtet gern die Tiere: das Küken, das aus dem Ei schlüpft, die Fische, die im Netz zappeln, Bienen, die Waben mit Honig füllen. In ihren späteren Schriften tauchen viele Bilder aus dem Dorfleben auf, die den staunenden kindlichen Blick auf die Natur, auf das Feuer in der Schmiede und Küche erahnen lassen. Sehen heißt für Hildegard leben:

»Mit Hilfe seines Sehvermögens unterscheidet der Mensch alles. Würde ihm die Sehkraft fehlen, so wäre er einem Toten gleich... Die Augen durchdringt die Seele: sind diese doch die Fenster, durch welche sie die äußere Natur erkennt.«[15]

Auch Standesbewußtsein vermitteln die Eltern ihrer Tochter. Hildebert von Bermersheim erzählt wahrscheinlich zu Hause von seinen Treffen mit Fürsten und Grafen und kommentiert die Reichspolitik. Hildegard tritt später den Großen ihrer Zeit sehr sicher gegenüber und verteidigt das Adelsprivileg ihres Klosters.
Im Jahre 1105 gibt es nicht nur im Nahegau, sondern im ganzen Reich ein Gesprächsthema: Der Sohn Heinrichs IV. hatte dem kaiserlichen Vater sicheres Geleit nach Mainz zugesagt, doch ihn dann wider alle Versprechungen – unterstützt von papsttreuen Gefolgsleuten – gefangengenommen. Heinrich IV. sitzt nun in der Burg Böckelheim an der Nahe in Haft. Weder seine Tränen noch seine Trauer und nicht einmal der Fußfall, so klagt der Vater in einem Brief, hätten das Mitleid des Sohnes geweckt. Resigniert verzichtet er schließlich auf seinen Thron und macht Platz für seinen Nachkommen. Im Sommer 1106 stirbt Heinrich IV., aber erst fünf Jahre später (1111), nach-

dem der päpstliche Bann aufgehoben ist, wird er in der Familiengruft der Salier im Dom zu Speyer beigesetzt. Sein Sohn Heinrich V. wird der letzte Salier sein.

In der Zeit des Reisekönigtums sind Adlige wie Hildebert oft unterwegs. Dann regelt Edelfrau Mechthild die Geschäfte. Sie inspiziert hoch zu Roß die abgelegenen Güter, verwaltet die Einnahmen und befehligt die vielen Bediensteten. Auf dem Hof backen sie ihr Brot selbst und brauen Bier, sie stampfen Butter und machen Käse. Im Lager stapeln sich Eingemachtes und Wein, Fische und Gewürze. Auch gesponnen und gewebt wird im Herrenhaus. So nebenbei erfährt Hildegard, wie eine große Gemeinschaft versorgt und zusammengehalten wird. Sie sieht, wie ihre Mutter diese Aufgabe bewältigt, die später auch ihr als Klostervorsteherin abverlangt wird.

Hildegards Kindheit muß glücklich gewesen sein, denn ohne Liebe und Sicherheit zu erfahren, hätte sie selbst als erwachsene Frau niemals so stark sein und mit den Menschen und der Natur mitfühlen können. Doch ein Schatten fällt schon früh auf Hildegards Leben:

»Viele Dinge erfuhr ich nicht wegen der häufigen Erkrankungen, an denen ich von der Muttermilch an bis jetzt gelitten habe, die meinen Leib schwächten, so daß meine Kräfte nachließen.«[16]

Das jüngste Kind ist nicht nur anders als die Geschwister, weil sie kränkelt. Hildegard ist auch ein besonderes Kind, weil sie schaut, verborgene Dinge sieht. Noch weiß sie nicht, was das alles bedeutet und in welchem Schatten sie steht, aber: »In meinem dritten Lebensjahr sah ich ein so großes Licht, daß meine Seele erbebte.«[17]

Es ist kein Zufall, daß sie als Dreijährige zum ersten Mal »mit der Seele sieht«. Mit drei Jahren entwickeln die Kinder – so das damalige Denken – ihr Bewußtsein, dessen sichtbare Zeichen die Milchzähne und das Haupthaar sind. Mit fünf Jahren erfährt das Mädchen dann genauer »die feste Gestaltung und innere Deutung verborgener wunderbarer Gesichte«[18]. In die-

ser Zeit ist die folgende, überlieferte Geschichte anzusiedeln: Hildegard habe, als sie eine trächtige Kuh auf der Weide betrachtete, das Aussehen des noch ungeborenen Kalbes ihrer Amme richtig vorhergesagt.
Hildegard soll Dinge sehen, die anderen Menschen verschlossen bleiben. Auserwählt ist sie von Anfang an. Die Gabe der Schau wurde »meiner Seele schon vor meiner Geburt vom Schöpfergott eingeprägt«[19]. Deshalb ist der Zeitpunkt ihrer Geburt für sie kein Zufall gewesen. Gott selbst hat ihr befohlen:

»O Mensch ... sprich in folgender Weise von dir: Bei meiner ersten Gestaltung, als Gott mich im Schoße meiner Mutter durch den Hauch des Lebens erweckte, prägte er dieses Schauen meiner Seele ein. Denn im Jahre 1100 nach der Menschwerdung Christi begann die Lehre der Apostel und die glühende Gerechtigkeit, die er in die Christen und Geistlichen grundgelegt hatte, nachzulassen und geriet ins Wanken. Zu jener Zeit wurde ich geboren.«[20]

Solchen Aussagen zu glauben, ist für jemand, der im 20. Jahrhundert lebt, nicht einfach. Erhabenes und Lächerliches, Glaube und Aberglaube berühren sich oft, gerade auch in der ältesten und immer noch zuverlässigsten Quelle, die von Hildegard erzählt: Unter dem Titel »Das Leben der heiligen Hildegard« haben die Mönche Gottfried und Theoderich eine Lebensbeschreibung, die sogenannte »Vita« verfaßt. Gottfried schrieb noch zu Lebzeiten Hildegards den ersten Teil (siehe Seite 154), nach seinem und ihrem Tod setzte Theoderich von Echternach die Arbeit fort.
Rückblickend untermauert die Lebensbeschreibung der Mönche das Prophetentum und die Heiligkeit Hildegards. Die »Vita« ist auch ein Tatsachenbericht, doch mehr noch ist sie eine typische Heiligenlegende. Die Wirklichkeit wird gefiltert und bewertet. Die Schreiber liefern ein Lehrstück für ein gottesfürchtiges Leben, sie wollen »die brennende Leuchte Christi nicht unter den Scheffel sondern auf den Leuchter« stellen.[21]

Lebensbeschreibungen von Heiligen sind weit verbreitet im Mittelalter und haben Gemeinsamkeiten. Ein immer wiederkehrendes Motiv ist das »greise Kind«, das zum Beispiel an kirchlichen Festtagen fastet und sich schon ganz wie ein Erwachsener, wie ein richtiger Heiliger, verhält. Über Hildegard wird berichtet: »Schon in jungen Jahren zeigte sie eine frühe Unberührtheit, mit der sie allen fleischlichen Genüssen fremd zu sein schien.«[22] Neben der frühen Bestimmung ist ein anderes beliebtes Bild der kranke schwache Leib, in dem die Seele um so feuriger und heiliger glüht.
Niemand zweifelt damals an dem allumfassenden Lenken Gottes, der überall und durch alles Zeichen setzte, auch durch ein Leben, wie es Hildegard leben sollte. Wer ihre Lebensgeschichte nachvollziehen will, muß sich deshalb einlassen und eintauchen in diese so ganz andere religiöse und persönliche Lebens- und Erlebniswelt des Mittelalters.
Viele Heilige wandeln damals noch auf der Welt, und Wunder geschehen tagtäglich. Jeder Mensch und jeder Tag, jedes Dorf und jede Stadt, jedes Kraut und jede Krankheit hatten einen Schutzpatron. Luft und Feuer, Wasser und Erde sprechen die Sprache Gottes. Die Welt ist wirklich noch Kosmos. Die erlebte Wirklichkeit ist vielschichtiger, als wir sie heute mit kühlem, aufgeklärtem Blick wahrnehmen. Die Umwelt ist voller Zeichen und göttlich und alles Denken immer auch ein »magisches Denken, ein Denken in Symbolen. Man sieht mehr«[23].
Tiere, Pflanzen und Menschen, Gestirne und Elemente, alles Sichtbare ist ein Sinnbild göttlichen Wirkens, ist Gleichnis und Symbol für das Unsichtbare. Ein Baum ist immer auch der Baum des Lebens und der Versuchung. Bäume verkörpern Eigenschaften: der Quittenbaum die List und der Pflaumenbaum den Zorn, die Eiche ist ein Sinnbild der Verdorbenheit, und die Espe steht für Überfluß. Die Tanne ist so stark, daß Geister sie hassen und Zauber und Magie unter dem Tannenholz schlechter wirken. Und wie Saft die Bäume durchfließt und wachsen läßt, so wirkt die Seele im Leib des Menschen:

»Die Seele ist also für den Körper, was der Saft für den Baum ist, und ihre Kräfte entfalten sich wie der Baum seine Gestalt. Die Erkenntnis gleicht dem Grün der Zweige und Blätter, der Wille den Blüten, das Gemüt ist wie die zuerst hervorbrechende, die Vernunft wie die voll ausgereifte Frucht. Der Sinn endlich gleicht der Ausdehnung des Baumes in die Höhe und Breite.«[24]

Als die Tochter von Hildebert und Mechthild acht Jahre alt wird, beschreiten die Eltern keinen außergewöhnlichen Weg, als sie das Mädchen für ein Leben im Kloster bestimmen. Die erste Kindheitsphase geht im siebten Lebensjahr zu Ende, jetzt beginnt der Mensch zwischen Gut und Böse zu unterscheiden. Das Kind hat gelernt, sich auszudrücken, Sinnbild sind die bleibenden Zähne. Die richtige Erziehung wird nun wichtig oder, wie Hildegard einmal formuliert, die »Belehrung und Ermahnung des heiligen Geistes«:

»Der zweite Monat geht seiner Natur nach auf Reinigung aus. Er findet eine sinnhafte Bedeutung in den Augen des Menschen, weil auch die Augen, wenn sie wäßrig, unrein und kränklich sind, sich mitunter von selbst reinigen. So ist auch die Seele des Menschen wie der Saft in einem Baume. Wie durch den Saft alle Früchte des Baumes gedeihen, so werden durch die Seele alle Werke des Menschen verwirklicht. Sind nun Gefäße und Mark des Menschen voll und reif geworden, dann beginnt er nach dem Verlangen seines Fleisches zu handeln.«[25]

Für Adelstöchter sind Klöster der einzige Ort, wo sie eine Grundausbildung in Schreiben und Lesen, aber auch religiösen Unterricht erhalten. Klösterliche Zucht und Frömmigkeit – so die allgemeine Meinung – stehe auch zukünftigen Ehefrauen gut an. Während der zweiten Stufe der Kindheit, die bei den Mädchen bis zum zwölften und bei den Jungen bis zum vierzehnten Lebensjahr dauert, verabreden die Eltern standesgemäße Ehen und planen die geistliche Laufbahn ihrer

Ein »Lichtstrahl« hebt Hildegard aus dem Kreis der spielenden Geschwister heraus. Das Reliefbild gehört zum Hildegardis-Altar in der Rochuskapelle bei Bingen, der das Leben der Heiligen in fünf Szenen darstellt.

Sprößlinge. Leben in einer Adelsfamilie viele Töchter, müssen meistens einige für immer ins Kloster. Das Vermögen reicht selten aus, um jeder eine Mitgift für eine standesgemäße Heirat zu sichern. Auch kränkliche Kinder werden gern für ein mönchisches Leben vorgesehen, weil sie der rauhen Welt weniger gewachsen scheinen.
Hildebert und Mechthild sind wahrscheinlich nicht frei von solchen Überlegungen. Ein Chronist schreibt: »Sie fürchten nämlich, und das war kein geringer Stachel in ihrem Herzen, das Zehent Gottes könne, so es draußen in der Welt verbliebe, von den Vögeln des Himmels, die aufpicken, was neben den Weg fiel, vernichtet, oder von den Tieren des Feldes, die nachts umherstreifen und ihre Nahrung suchen, zerrissen werden.«[26]
Doch die Entscheidung der Eltern, Hildegard in ein Kloster zu geben, gründet auch auf ihrem Glauben und dem Gelübde, das der Vater während der Geburt »des Zehnten« abgelegt hat: »Obwohl sie in den Sorgen der Welt verwickelt und mit äuße-

ren Gütern reich gesegnet waren, erwiesen sie sich doch nicht undankbar gegen die Gaben ihres Schöpfers und weihten ihre Tochter dem Dienste Gottes«.[27] Hildebert und Mechthild tun dies »unter Seufzern«.

Für ihr jüngstes Kind wählen sie eine Klause auf dem Disibodenberg aus, wo das verfallene Augustinerstift bald von Benediktinern neu besiedelt werden soll. Sie kennen und schätzen Jutta von Spanheim, die Tochter des Grafen Stephan von der benachbarten Burg Sponheim. Jutta hat ihren Vater überredet, die alte Frauenklause auf dem Disibodenberg neu aufzubauen. Dort will sie von nun an ihr Leben als Klausnerin verbringen.

Das Klausnertum ist eine Form der Einsiedelei, die seit Mitte des 11. Jahrhunderts starken Zulauf hat. Für den Bau einer Klause gibt es feste Regeln: Nur zwölf Fuß lang und breit darf der eigentliche Wohnraum sein. Einfach ist die Einrichtung: eine Schüssel, ein Napf und ein Krug, ein niedriges Bett mit einer Heu-, Stroh- oder Laubmatratze, ein Kopfkissen, eine Decke und ein Fußdeckbett. Die Kleidung entspricht der Ordenstracht der Mönche, an deren Kloster die Klause gebaut wird. Ein Frauenschleier, Wäsche und natürlich ein Pelzmantel für die kalten Tage fehlen nicht.

Die Klause stößt oft mit einem angebauten kleinen Chor oder mit einer kleinen Kapelle an die Abteikirche. Dorthin öffnet sich ein Fenster, durch das die Eingeschlossenen an den Gebeten und Messen der Mönche teilnehmen. Die Verbindung mit der Welt draußen beschränkt sich auf zwei weitere Fenster: ein vergittertes und ein offenes Fenster, durch das alles Notwendige gereicht wird. Wo und wie die Frauenklause, in der sich die Inklusin Jutta von Spanheim »einmauern« läßt, auf dem Disibodenberg gebaut wird, ist bis heute umstritten. Zur Welt der Klausnerin Jutta gehört aber sicher ein Gemüse- und Kräutergärtchen, an dessen Tor Familienangehörige, aber wohl bald auch Gläubige klopfen werden, denn Eingeschlossene sind allerorten hochverehrte und gefragte Ratgeberinnen und Erzieherinnen. Die ersten Schülerinnen der Grafentoch-

ter sind eine entfernte Verwandte der Familie von Spanheim, ein Mädchen, das ebenfalls Jutta heißt, und Hildegard von Bermersheim.
Ob Hildegard ihre zukünftige Lehrerin getroffen hat oder sogar gut kennt, bevor sie in die Klause auf dem Disibodenberg gebracht wird, wissen wir nicht. Als der Tag heraufzieht, an dem sie den elterlichen Herrenhof in Bermersheim verlassen wird, seufzen sicher nicht nur die Eltern, sondern auch Hildegard. Doch das Mädchen scheint auch froh zu sein, der Alltagswelt und dem Gerede entfliehen zu können. Zunehmend hat das wache Kind seine Schauungen als unheimlich erlebt und sein Anderssein wahrgenommen. Und das ängstigt sie:

»Wenn ich von dieser Schau ganz durchdrungen war, sprach ich vieles, was denen, die es hörten, fremd war. Ließ aber die Gewalt der Schau ein wenig nach, in der ich mich mehr wie ein kleines Kind als nach den Jahren meines Alters verhielt, so schämte ich mich sehr, weinte oft und hätte häufig lieber geschwiegen, wenn es mir möglich gewesen wäre. Denn aus Furcht vor den Menschen wagte ich niemandem zu sagen, was ich schaute.«[28]

Acht Jahre also ist Hildegard alt, als sie ihre Kindheit hinter sich läßt. Sicher reiten auch ihre Brüder und Schwestern mit zur Klause. So traurig sie darüber sind, daß Hildegard die Familie verläßt – die Einschließung Jutta von Spanheims und ihrer zwei Zöglinge ist auch ein feierliches Schauspiel, das niemand versäumen will. Der große Troß folgt den Wegen durch die dichten Wälder, in denen noch Wisent und Luchs hausen. Dünn besiedelt sind die Lande zwischen Rhein und Nahe, in ganz Europa leben damals so viele Menschen wie heute allein in Deutschland. Von Bermersheim bis zum Disibodenberg ist es gerade ein Tagesritt.
Hoch ragt der Berg aus dem Talkessel, wo der Fluß Glan in die Nahe fließt. Alle kennen sie die Geschichte des Heiligen Disibod, der dem Berg seinen Namen gab. Vor vierhundert Jahren suchte der irische Mönch, müde des vielen »Wanderns

um Christi Willen«, eine letzte Bleibe. Als er seinen Wanderstab neben einer Quelle in den Boden steckte, trieb das Holz Blüten. Der greise Mönch nahm dies als göttliches Zeichen und baute auf dem Berg eine Einsiedelei, zu der bald viele Menschen strömten. Dort oben auf dem Berg ruhen seine sterblichen Überreste. Dort oben soll jetzt Hildegard eine neue Heimat finden. Wolken ziehen über die Bergkuppe:

»Hebe doch deinen Finger, und berühre die Wolken. Was dann? Du kannst es nicht. So auch das nicht, daß du erfassest, was du nicht wissen sollst. Die Gräslein können den Acker nicht begreifen, aus dem sie sprießen. Denn sie haben nicht Sinn und Verstand und kennen weder ihr eigenes Wesen noch die Wirkung ihres Samens. Und doch umgeben sie den Acker mit der Anmut der Fruchtbarkeit. Mücke und Ameise und die übrigen kleineren Tiere verlangen nicht, über ihresgleichen zu herrschen oder Kraft und Sinn des Löwen und der anderen großen Tiere zu verstehen. Wieviel weniger kannst du erkennen, was im Wissen Gottes ist.«[29]

Am 1. November des Jahres 1106, dem Allerheiligenfest, läßt sich Jutta von Spanheim »mit Christus begraben«. Kerzen und Fackeln erleuchten die Kirche, die wie für eine Totenfeier geschmückt ist. Als Jutta und die zwei Mädchen eintreten, empfängt sie der Gesang der Gläubigen: »Hier ist meine Ruhe in Ewigkeit, hier die Wohnstätte, die ich mir erwählt.«
Während der Messe spricht Hildegards Vater eine Übergabeformel, mit der er sein Kind »Gott darbringt«. Das dargebrachte Mädchen, die Oblatin, überreicht eine Opfergabe und die Bitturkunde. Hildegards Hand ist in das Altartuch gewickelt, als Hildebert sein Kind »im Namen der Heiligen, deren Reliquien hierliegen«, und vor Zeugen der Klausnerin Jutta übergibt, »daß sie der Regel gemäß hierbleibe.«[30]
Die Verfasser der »Vita« berichten, »sie ließ sich auf dem Berg des heiligen Disibod einschließen, um mit Christus begraben zu werden und mit ihm zur Glorie der Unsterblichkeit aufzuerstehen«.[31] Das Verb »lassen« deutet auf einen eigenen Ent-

schluß hin. Doch wahrscheinlich stellen die Mönche hier einmal mehr Hildegards »frühe« Bestimmung heraus. Sie selbst sagt lapidar: »In meinem achten Jahr wurde ich Gott für das geistliche Leben dargebracht.«[32]
Am Ende der Feier steht Jutta barfuß vor dem Priester, der sie nochmals fragt, ob sie frei und bewußt das Klausnerleben wählt. Als sie ein lautes Ja spricht, legt der Priester ihr ein Kreuz auf die Schulter, das sie als einzigen persönlichen Besitz in ihre Zelle mitnehmen darf.
In einer Prozession verlassen nun alle die Kirche und ziehen zur Tür der Frauenklause. Auf der Schwelle zu ihrer neuen Wohnstatt legt Jutta sich auf die Erde, und Priester sprechen Gebete über ihr. Danach betritt sie mit ihren Schülerinnen die kleinen Zellen. Der Eingang wird zugemauert. Die achtjährige Hildegard sieht, wie Männer Stein auf Stein setzen, die Eltern verschwinden, sie sieht die Geschwister nicht mehr. Eingeschlossen ist sie in einer fremden, neuen Welt.
Der Alltag beginnt. Zwei Zellen, vielleicht noch ein gemeinsames Wohn- und Speisezimmer. Zwei Kinder und eine Frau, die Anfang zwanzig ist. Das ist eine Gemeinschaft, die sich schnell kennenlernt. So kann die Klause leichter zur neuen Heimat werden. Das Leben richten sie ein zwischen Beten und Arbeiten. Das Chorgebet der Benediktiner gliedert von Anfang an ihren Tag.
Hildegard hört die Gesänge und erfreut sich an der Wortmelodie der Psalmen, bevor sie die Sätze und deren Sinn versteht. Sie lernt lesen und schreiben und auch Latein. Die Bibel, Heiligenlegenden und bald auch die Benediktsregel sind ihre Lektüre. Auf dem Lehrplan steht neben weiblicher Handarbeit sicher auch das Gärtnern. Hildegard bestimmt die ersten Heilkräuter und Pflanzen, die in dem kleinen Gärtchen neben der Klause wachsen. Jutta pflegt und fördert von Anfang an die musischen Fähigkeiten ihrer Schülerin, sie unterweist sie »in den Gesängen Davids und lehrt sie das Singen der Psalmen«.[33] Kaum vorstellbar, daß in dieser kleinen Klause auch körperliche Züchtigungen zum Alltag gehören, unter denen in den Klöstern nicht wenige Oblatinnen litten.

Im Jahre 1108 legt die Mönchsgemeinde den Grundstein für eine mächtige Abteikirche, eine rege Bautätigkeit setzt ein. Hildegard sieht in den kommenden Jahren von der Frauenklause aus, wie das Gotteshaus immer höher in den Himmel wächst. Genauso breit wie der Mainzer Dom, aber um ein Drittel kürzer wird die imposante Kirche mit den zwei hohen Türmen sein. Im Schatten ihrer Mauern wird Hildegard zweiundvierzig Jahre lang leben.
Die Inklusin Jutta von Spanheim hat bald einen guten, ja heiligen Namen. Immer mehr Eltern des rheinischen Adels wollen ihre Mädchen hier erziehen lassen. Weitere Zellen werden angebaut. Nach sechs Jahren, um das Jahr 1112, hat sich die Klause so vergrößert, daß man bereits von einem Kloster spricht. Vermutlich durften die Mädchen, die noch kein bindendes Gelübde abgelegt haben – sie werden auch »Vorschlossnerinnen« genannt –, den engen Bereich der Klause ab und an verlassen. Steigt Hildegard manchmal zum Glan hinunter, dessen Sand so schön ist und dessen rauhes und gesundes Wasser »zu Essen und Trinken als auch zum Baden und Waschen des Gesichtes«[34] taugt?
In der Klause verlassen die inneren Bilder die heranwachsende Hildegard nicht:

»Ich sah vieles, und manches erzählte ich einfach, so daß die, die es hörten, sich sehr wunderten, woher es käme und von wem es sei. Da wunderte ich mich auch selbst, daß ich, während ich tief in meiner Seele schaute, doch das äußere Sehvermögen behielt, und daß ich dies von keinem anderen Menschen hörte. Darum verbarg ich die Schau, die ich in meiner Seele sah, so gut ich konnte. Doch die Edelfrau (Jutta), der ich zur Erziehung übergeben war, bemerkte es und teilte es einem ihr bekannten Mönch mit.«[35]

Sie läßt uns im unklaren, ob die Meisterin ihre wunderliche Gabe entdeckt, bevor oder nachdem sich Hildegard endgültig für ein Leben im Kloster entschieden hat. Jutta von Spanheim ist ihr jedenfalls ein Vorbild: »Dieser Frau schenkte Gott sozusagen Ströme von Gnaden, so daß sie ihrem Leib durch Wachen, Fasten und andere gute Werke keine Ruhe gewährte...«[36] Und der Mönch Volmar, der Seelsorger der Frauen, ist damals schon ein wichtiger Ratgeber der Nonnen. Er wird sein Leben lang Hildegard treu und ergeben begleiten, zuerst als Lehrer, dann als ihr Sekretär.

Hildegard kann ab ihrem zwölften Lebensjahr frei wählen, ob sie das ewige Gelübde ablegen will, aber wirklich frei ist eine Oblatin wie sie nicht. Die Erziehung richtet sie ganz auf das Leben im Kloster aus, ein anderes Dasein wird immer unvorstellbarer. Doch dieser vorgeprägte Weg ist für Frauen nicht der schlechteste, im Kloster können sie ein tätiges Leben führen und sich entfalten. Die einzige Alternative ist – zumal für ein adliges Fräulein – eine arrangierte Heirat. Doch für eine Oblatin, die das Kloster verlassen will, ist selbst dieser Weg oft versperrt, denn bei ihrer Übergabe ist ihre Mitgift in Form von Geldern und Ländereien an das Kloster geflossen. Schwer wiegt es zudem, den Eltern den Gehorsam zu verweigern, die Beter und Beterinnen nur zu gerne in der Familie sehen.

Nicht alle sind im Kloster glücklich geworden. Aus dem 13. Jahrhundert existieren Berichte von »melancholischen Nonnen, die die Ruhe der anderen störten und so reizbar wie Hunde waren, die zu lange an der Kette gelegen haben.«[37] Die frühe Übergabe eines Kindes, die ihm jede Entscheidung nimmt und ein Klosterleben aufzwingt, wird das vierte Laterankonzil im Jahr 1215 verbieten. Schon zur Zeit Hildegards ist diese Sitte umstritten, die sie später selbst scharf verurteilt. Es sei ein »Unrecht«, das auch Gott nicht gefalle und deshalb keine Früchte trage:

»Wenn jemand meinem Altare einen Widder opfert und ihn an den Hörnern nicht fest mit Stricken bindet, wird dann der Widder nicht entfliehen? Wenn aber du, o Mensch, den Knaben auch dem Leibe nach noch in so streng bewachter Abschließung hältst, daß er sich nicht frei machen kann, so gilt er vor mir in seiner Gefangenschaft, die ihm ohne seine Zustimmung ungerechter Weise auferlegt ist, in allem, was er an körperlicher oder geistiger Arbeit leistet, als unfruchtbar.«[38]

Das Klosterleben verkommt zur quälenden Routine, wenn die seit frühester Kindheit eingeübten mönchischen Verhaltensweisen und Regeln leere Formen bleiben, wenn Frauen und Männer einen »Beruf« ohne Berufung wählen.
Für ihre jüngste Tochter haben Hildebert und Mechthild von Bermersheim eine richtige Entscheidung getroffen. Das Klosterleben entspricht ihrer Persönlichkeit und stillt oder weckt gar erst den Wissensdurst des intelligenten Mädchens. Hildegard ist gläubig und fühlt sich im besten Sinne berufen. Sie legt zwischen ihrem vierzehnten und siebzehnten Lebensjahr, dem damals typischen Alter für die Bekehrung, das ewige Gelübde ab. Nicht unbesonnen handelt sie, nicht wie eine, die »eben vom Schlafe aufwacht«. Sie hat ihr Innerstes befragt, »ob sie auch in seinem Vorsatze beharren könne«[39], und ja gesagt.
In einer feierlichen Zeremonie, der ihre Familie beiwohnt, übergibt der Bischof von Bamberg, Otto der Heilige, den Schleier an Hildegard. Der zuständige Oberhirte, der Mainzer Erzbischof Adalbert, kann die Weihe nicht vornehmen, er sitzt in der pfälzischen Burg Trifels in Kerkerhaft. Drei Jahre lang (1112–1115) hält Kaiser Heinrich V. seinen ehemaligen Verbündeten gefangen. Der papsttreue Bischof hatte sich mit sächsischen und thüringischen Fürsten gegen den Kaiser erhoben, der entgegen der Beteuerungen vor seiner Wahl weiter darauf beharrt, die Bischöfe und Äbte in ihre Ämter einzusetzen.
Hildegard gelobt kein Leben als Klausnerin, sie wird Benediktinerin. Von nun an trägt sie nur noch die dunkle Nonnentracht: »Wie durch eine heilbringende Medizin wird der erleichtert, der reinen Willens dieses Gewand empfängt.« Es umkleidet sie »wie mit dem schimmernden Licht der himmlischen Geister« und erhebt sie »wie auf leichten Schwingen«.[40]

Mit dem starken Schilde der Demut

*Klosteralltag der Benediktinerin Hildegard,
Wahl zur Äbtissin,
Mystikerin und Visionärin
1115–1141*

Auf der Höhe des Disibodenbergs entsteht langsam die große, neue Gottesstadt. Nichts verkörpert klarer die Sehnsucht des Mittelalters, Gott näherzukommen. Das Kloster ist das Umschlossene, das *claustrum,* dessen Mauern die Verderbtheit der Welt abhalten soll. Die kleine Stadt ist der Versuch, das himmlische Jerusalem schon auf Erden zu bauen, etwas von der »Schönheit des Himmels« schon auf diese Welt zu holen.

»So entsagen die Mönche mit der Anlegung des heiligen Gewandes allem Irdischen und empfangen in ihm das Abzeichen der Engel. Denn sie sind nach meinem Willen Beschützer meines Volkes... Denn auch die Engel, die von keinem Makel irdischer Strebungen berührt werden, sind die Wächter meines Volkes. Die Mönche machen sich frei vom Irdischen, um täglich dem Dienst Gottes zu obliegen, und halten zugleich durch ihre Gebete Tag und Nacht die bösen Geister von ihren Mitmenschen ab.«[1]

Die Klöster geben damals den Ton an im wörtlichen Sinne. Siebenmal am Tag rufen die Glocken die Mönche und Nonnen zum Gebet. Und wenn die Glockentöne über die Felder und die Siedlungen Odernheim und Staudernheim ziehen, wissen auch die anderen Menschen, was die Stunde geschlagen hat. Die mechanische Uhr ist noch nicht erfunden, auf dem Land stehen keine Glockentürme.
Mit der aufgehenden Sonne enden die Laudes, die Morgenandacht. Terz, Sext und Non folgen im Dreistundentakt. Vor dem Sonnenuntergang feiern die Mönche die Vesper, und die Komplet, die abends um neun Uhr beginnt, läßt den Tag im

Dunklen und mit einem jubelnden Hymnus ausklingen. Danach dürfen die Mönche nicht mehr sprechen. Eine Stunde nach Mitternacht läuten die Glocken die Vigilien ein.
Hildegard ist dieser Rhythmus des Tages vertraut: fünf Stunden beten, fünf Stunden arbeiten, dazwischen essen und dabei den Tischlesungen lauschen, sich etwas ausruhen und für sich lernen und lesen, dann schweigen und schlafen. Und doch hat sich etwas verändert. Sie weiß, daß sie die Glocken nun jeden Tag hören wird, Tag um Tag, Monat um Monat, Jahr um Jahr. Und jedesmal muß sie ihnen gehorchen, denn »man soll dem Gottesdienst nichts vorziehen.«[2] Gelobt hat sie auch, sich »der Leitung Gottes nie mehr (zu) entziehen und in seiner Lehre bis zum Tod im Kloster auszuharren«.[3]
Die Benediktsregel, nach der Hildegard lebt, fordert die *stabilitas in congregatione:* In der klösterlichen Gemeinschaft, der sie beigetreten ist, muß die Nonne bis an ihr Lebensende verweilen. Und weil eine solche Gemeinschaft – von einer bestimmten Größe an – selten umzieht, bleiben die Ordensleute oft lebenslang an einem Ort. Nicht ihre Umgebung und ihre Lebensumstände soll Hildegard ständig verändern. Nach innen muß sie sich richten, um sich zu ändern. Auf sich selbst wird sie durch das klösterliche Leben verwiesen.
Werde ich ausharren können, hat sich Hildegard sicher gefragt, ein Leben lang? Wie lang ein Leben ist, kann sich ein junges Mädchen schwer vorstellen. Sie weiß, daß die meisten Menschen nur vierzig bis fünfzig Jahre alt werden. Doch bis dahin ist es eine halbe Ewigkeit, wenn man jung ist. Und jung ist Hildegard, gerade siebzehn Jahre alt. »Gefährtin der Engel«[4] will sie sein. Sie jubiliert während des Chorgebets und dichtet vielleicht erste eigene Liedtexte. Wie alle Heranwachsenden spürt wohl auch sie – trotz der Klosterzucht – die Vermessenheit und Verwegenheit der Jugend. Auch sie genießt und durchlebt den frühen Frühling des Lebens:

»Der dritte Monat kommt mit einem wilden Wirbel herauf. Er führt die Unwetter mit sich. Hat er auch noch manches Unheilvolle in sich, so setzt er doch mit seinen vielfachen Winden

Mit dem starken Schilde der Demut

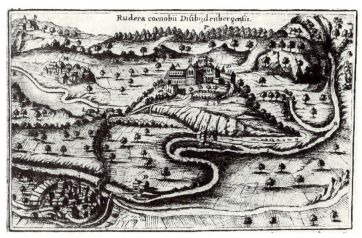

Der Disibodenberg (von Süden) und seine Umgebung. Das einst so prächtige Kloster ist auf diesem Kupferstich aus dem 18. Jahrhundert schon ohne Dächer zu sehen.

die Keime der Erde in Bewegung. Unter diesem Monat soll man sich die Ohren vorstellen. Auch in ihnen tönt der Laut von soviel Wertvollem und Nutzlosem, durch die der Organismus in seiner Gesamtheit in Bewegung gehalten wird. Auch die Seele im Leibe, der durch sie bewegt und ausgefüllt ist und wie mit Gefäßen verknüpft wird, steht in einer Auseinandersetzung mit den anwachsenden Kräften ihrer Natur. In dieser Situation gleicht der Mensch in der Mitte seiner Jugend einem Baum, der zunächst nur grobes Geäst und später erst die Früchte ans Licht bringt ... er täuscht sich aber gewaltig, wenn er glaubt, sich schon für einen Weisen halten zu dürfen, während er doch gerade in seiner Verwegenheit und seinem Hochmut gleichsam wie eine frische Wunde eitert.«[5]

Die Benediktsregel, nach der Hildegard lebt, ist damals gut fünfhundert, heute fast tausendfünfhundert Jahre alt. Papst Gregor der Große machte durch eine Lebensbeschreibung aus dem 6. Jahrhundert den heiligen Benedikt von Nursia bekannt, der seine eigenen Erfahrungen als Mönch und Abt zusammengefaßt hat. Langsam trat diese Schrift einen Sieges-

zug durch Europa an. Nicht nur das klösterliche Leben leitete die Benediktsregel an. Auch Könige und Kaiser, Fürsten und Herzöge lasen sie, und sie gehörte zum Bildungsgut adliger Kinder.
Die Benediktsregel gilt als »eines der wichtigsten Dokumente der Christenheit«, sie ist nach der Bibel einer der am häufigsten kopierten Texte. Sie wird auch die erste europäische Verfassung genannt und machte den heiligen Benedikt zum Schutzpatron des heutigen Europa. Denn sein Regelwerk formte das Gedankengut des ganzen christlichen Abendlands und drückte unserer Kultur ihren Stempel auf. Noch heute kennt fast jeder den Satz: *Ora et labora*, bete und arbeite. Auch wenn er nicht weiß, daß dieses Gebot aus dem Geist der Benediktsregel geboren ist.
Benedikt hat in seiner Schrift den Wert und die Würde der menschlichen Arbeit gestärkt und asketische Übungen gemildert. Er hat den christlichen Völkern ein bis dahin ungeahntes Verständnis von Gemeinschaft und Autorität vermittelt. Gelehrt hat er auch die Nächstenliebe, die Fürsorge für Arme, Kranke und Fremde.
Die Benediktsregel, die ein Vorwort und dreiundsiebzig Kapitel umfaßt, beginnt mit dem Aufruf »Höre!« und endet mit dem Wort »erreichen«. Dazwischen liegt ein langer Weg. Das Kloster ist die »Werkstatt«, und das Werkzeug, das den Menschen formt, ist die Regel. Sie heißt so, »weil sie die Lebensform derer regelt, die gehorchen«[6]. Und der Abt, der das Kloster leitet, legt die Regel aus. In den einzelnen Kapiteln geht es auch um sehr viele praktische Fragen: wie die Mönche sich kleiden, essen und schlafen und wann sie beten sollen. Benedikt weiß zu gut, daß Mönche und Nonnen nicht vollkommen sind, auch sie kommen nachts nur schwer aus den Betten. Bezeichnend für die ganze Regel und ihren Geist ist, wie Benedikt mit denen verfährt, die sich verspäten:

> »Kommt einer zu den nächtlichen Vigilien
> erst nach Ehre sei von Psalm 94,
> der deswegen langsam und gedehnt zu singen ist,

darf er nicht den ordentlichen Platz im Chor einnehmen,
sondern er stehe als letzter von allen hin
oder an einem Platz abseits,
den der Abt für nachlässige Leute bestimmt hat,
damit sie von ihm und allen gesehen werden.«[7]

Toleranz und Strafe – es geht immer um das richtige Maß. Auch beim Essen und Trinken, beim Beten und Arbeiten, beim Gehorchen und Widersprechen. Die zentralen Kapitel handeln »Vom Gehorsam«, »Von der Schweigsamkeit« und das wichtigste »Von der Demut«. Zwölf Stufen hat die Leiter der Demut, und die Mönche bestiegen durch ihr Tun diese Leiter. Sie steht für

»...unser irdisches Leben,
das der Herr himmelwärts emporrichtet,
wenn unser Herz demütig wird.
Die Holme der Leiter aber
erklären wir als unsern Leib und unsere Seele.
In diese Holme fügt der Ruf Gottes
verschiedene Stufen der Demut und Pflichterfüllung ein,
die wir zu ersteigen haben.«[8]

Die erste Stufe der Demutsleiter ist die Gottesfurcht. Hier sollen der Mönch und die Nonne lernen, die Gedanken und die Zunge, die Füße und den Willen und das Fleisch zu beherrschen. Sie sollen sich möglichst oft daran erinnern, daß Gott immer bei ihnen ist und jedem Augenblick Tiefe und Erfüllung verleiht. So verzichten sie im Angesicht Gottes auf den eigenen Willen und folgen Christus nach, damit sie auf der zweiten Stufe sagen können: »Ich bin nicht gekommen, um meinen Willen zu tun, sondern den Willen dessen, der mich gesandt hat.«[9] Wer den Gehorsam erlernt und Schwierigkeiten nicht aus dem Weg geht, sich für unwürdig hält und sich nicht aus der Gemeinschaft absondert, erklimmt die Leiter weiter. Die Mönche und Nonnen dürfen nicht sprechen – es sei denn, sie werden gefragt (neunte Stufe) – und nicht leichtfertig lachen, sie müssen gemessen und bescheiden sprechen (zehnte und elfte Stufe). Am Ende dieses Weges drückt sich ihre Demut sogar in der Körperhaltung aus: Sie neigen ihr Haupt und schlagen die Augen nieder. Bei allem Tun sind sie sich der Gegenwart Gottes und seines Urteils bewußt. Ein Kreis schließt sich, denn der Demutsweg ist Auf- und Abstieg. Wie schon auf der ersten tritt auf der zwölften Stufe die Gottesfurcht auf, doch der Mensch ist ein anderer geworden und hat seinen Seelenfrieden gefunden:

»Wenn aber alle Stufen der Demut erstiegen sind,
gelangt der Mönch bald zu jener Gottesliebe,
die vollkommen ist und die Furcht vertreibt.
Alles, was er vorher nur mit Angst beobachtet hat,
wird kraft dieser Liebe zu halten beginnen,
ganz mühelos und natürlich und wie aus Gewohnheit,
nicht mehr aus Furcht zur Hölle,
sondern aus Liebe zu Christus,
weil ihm das Gute zur Gewohnheit
und die Tugend zur Freude wurde.
Der Herr wird dies durch den heiligen Geist
gnädig an seinem Arbeiter erweisen,
wenn er einmal frei ist von Sünden und Fehl.«[10]

Auch die »Arbeiterin Gottes«, Hildegard, geht diesen Demutsweg. Jeden Tag liest sie ein Stück aus der Benediktsregel gemeinsam mit den anderen Frauen. Meisterin Jutta hat vielleicht daran erinnert, daß die Schrift schwer wie kostbarer Wein sei, nur in kleinen Schlückchen solle man sie genießen.
Fragt sich Hildegard, welche Gestalt die Demut hat? Kann man begreifen, wie die göttliche Liebe wirkt? Ist sie zu schauen und zu fühlen? »Wo das Fragen im Menschen nicht ist, ist auch nicht die Antwort des heiligen Geistes«, erklärt sie später. Sie will von ihrem Seelsorger Volmar alles wissen und studiert die Bücher aus der Klosterbibliothek, die er ihr in die Klause bringt. Doch über ihre genauen Bildungsquellen schweigt sie.

Der heilige Benedikt schreibt die Regel nieder. Federzeichnung aus dem 12. Jahrhundert

Die Bibel und die Kirchenväter liest sie sicher mit großem Eifer. Volmar muß immer mehr Bücher, Kommentare und Erklärungen zur Regel, Heiligenlegenden und Dispute anschleppen. Hildegard lebt an einem Ort, der ein Zentrum der Kultur ist. In der Schreibstube des Disibodenbergs sieht sie, wie Bücher geschrieben und gebunden werden. Das fasziniert sie.

Hildegard ist keine ungebildete Frau, im Gegenteil, sie ist hochgebildet. Wenn sie sich später trotzdem *indocta,* ungelehrt, nennt, heißt das nur, daß sie keinen systematischen Unterricht erhalten hat wie Männer in Domschulen und auf den ersten Universitäten. Das mittelalterliche Studium umfaßt die »Sieben freien Künste«. Sie heißen so, weil im alten Dom nur die Freien diese Studien betreiben durften. Das *trivium* umfaßt die drei sprachlichen Fächer Grammatik, Rhetorik und Dialektik, das *quadrivium* besteht aus den vier mathematischen Disziplinen: der Musik und Geometrie, der Arithmetik und Astronomie. Hildegard lernt auf ihre ganz persönliche Weise und verläßt sich dabei auch auf ihre Intuition. Gefühl und Verstand sind bei ihr nie ein Gegensatz.

Welches das richtige Werkzeug der Erkenntnis ist, darüber wird im 12. Jahrhundert heftig gestritten, ohne den christlichen Glauben grundlegend anzutasten. Ist es die Vernunft oder die Liebe zu Gott? Petrus Abaelard in Paris, der erste Intellektuelle wird er später genannt, verkündet: Erst muß man begreifen, bevor man glauben kann. Bernhard von Clairvaux hält dagegen: Nur wer glaubt, weiß. Ihm ist Hildegard näher.

Auch den Nonnenkonvent auf dem stillen Disibodenberg hat sicher die tragische Liebesgeschichte von Abaelard und Heloise bewegt, die sich ganz Europa erzählt. Der brillante Denker und seine zwanzig Jahre jüngere begnadete Schülerin liebten sich gegen den Willen ihrer Familie, doch ganz Paris sang seine Liebeslieder. Sie bekamen ein Kind und heirateten. Aber dann schickte Abaelard die angebetete Heloise in ein Kloster. Das verzieh ihm ihre Familie nicht, sie entmannten

Abaelard. Auch als beide in verschiedenen Klöstern Ruhe gefunden hatten, schrieben sie sich noch Briefe, die zu den schönsten der Weltliteratur gehören.
Klöster sind weltfern, aber nicht weltfremd. Oft sind sie Figuren in politischen Ränkespielen. Erzbischöfe nutzen Klöster, um ihren Einflußbereich abzusichern. Äbte vertreten nicht nur Gott auf Erden, sondern auch die Interessen bestimmter Adelssippen. Verflochten und zugleich zerstritten sind kirchliche und weltliche Macht. Das Wormser Konkordat beendet 1122 den Investiturstreit schließlich mit einem Kompromiß: Der Kaiser setzt die Geistlichen allein in den weltlichen Rechten des Amtes ein, sie leisten den Treueeid und erhalten vom Kaiser ihre Lehen. Die Kirche dagegen verleiht die geistlichen Rechte, deren äußere Zeichen Ring und Stab sind. Doch der Kampf zwischen Kaiser und Papst ruht nur. Elf offiziellen Päpsten stehen zu Lebzeiten Hildegards genauso viele Gegenpäpste gegenüber.
Während ihrer stillen Jahre auf dem Disibodenberg werden im Jahr 1125 auch die Salier von den Staufern abgelöst. In dieser Zeit mehren sich die Klagen über die üppige und sündige Lebensführung und die Verweltlichung des geistlichen Standes, der sich Pfründe erkauft und Priesterehen duldet. Armut als altes christliches Ideal wird wiederentdeckt.

In all diesen Jahren sieht Hildegard, wie das Kloster gebaut wird, Stein um Stein. Sie erlebt im Jahr 1130 die erste Altarweihe und wird noch hier weilen, wenn 1143 die vollendete Gottesstadt gesegnet wird. Sie hört die Steinmetze und sieht, wie die Handwerker Mauern und Türme bauen. Das Bauen wird zu einem wichtigen Bestandteil ihrer Bilderwelt.
Die räumlich begrenzte Welt des Klosters hat sie nicht klein gehalten. Sie lebt und entfaltet sich ohne geistige Enge. Hildegard begreift: »Wäre nämlich der Mensch ohne sein schöpferisches Tun und hätte er keine feste Wohnstätte, so bliebe er ein leeres Ding«.[11]
Das Urteil der beiden Mönche in ihrer »Vita« über die prägenden Jahre, die aus der jungen Nonne die Äbtissin formen,

ist knapp und glorifizierend: »Die Jungfrau Christi machte große Fortschritte und stieg von Tugend zu Tugend... In ihrem Herzen glühte eine milde Liebe, die von ihrer Weite niemanden ausschloß. Den Turm der Jungfräulichkeit schützte die Mauer der Demut. Zu der Kargheit in Speise und Trank gesellte sich die Schlichtheit der Gewandung. Die züchtige Ruhe ihres Herzens offenbarte sich im Schweigen und sparsamen Worten. Und all diese Kleinodien heiliger Tugendkräfte... hütete die Schatzmeisterin Geduld als Zierde für die Braut Christi.«[12]

In diesem Idealbild einer Nonne haben Zweifel und Anfechtungen keinen Platz. Doch das kann nicht Hildegards Wirklichkeit gewesen sein. Wenn sie in ihren Schriften und Dichtungen später den Kampf zwischen Seele und Leib (siehe dazu Seite 44), den Streit der Tugenden und Laster ausbreitet, liefert sie keine blutleeren Belehrungen. Nur wer selbst diesen Weg gegangen ist, kann so mitleiden und mitfühlen. Ehrlich und kraftvoll wirken ihre Texte, sie besitzen eine zeitlose Qualität.

In all den Jahren, von denen wir so wenig Persönliches wissen, soll Hildegard von Bermersheim weiter gekränkelt haben. Die »Vita« überzeichnet das Bild der äußerlich schwachen Frau, der aber innerlich erstarkenden Heiligen: »Beinahe von Kindheit an hatte sie ständig an schmerzlichen Krankheiten zu leiden, so daß sie nur selten gehen konnte. Und da ihr ganzer Körper ununterbrochenen Schwankungen unterworfen war, glich ihr Leben dem Bild eines kostbaren Sterbens. Was aber den Kräften des äußeren Menschen abging, das wuchs dem inneren durch den Geist der Weisheit und Stärke zu. Während der Leib zerfiel, entbrannte wunderbar feurig in ihr die Kraft des Geistes.«[13]

Diese Schwäche ist in Hildegards Leben nicht nur ein immer wiederkehrendes Bild, Krankheit ist wirklich vorhanden. Welche organischen Leiden Hildegard belastet haben, darüber wurde viel spekuliert, aber nichts ist eindeutig belegt. Zu verschieden sind die Krankheitsbegriffe und -bilder damals und

heute. Außerdem greift der Versuch zu kurz, das Phänomen Hildegard auf eine Krankengeschichte zu verkleinern, sie gar als Hysterikerin oder Neurotikerin abzutun, die sich durch ihr Werk selbst therapiert.
Hildegard ist, wenn wir sie mit heutigen Augen betrachten, unbestritten eine sensible, ja übersensible Frau. Sie sagt über sich:

»Sie besitzt ihre körperliche Komplexion aus der Luft, weshalb ihr auch aus dieser luftartigen Sphäre vom Regen, vom Wind, von jedem Wetter-Umschlag die Krankheit eingeprägt wird, und zwar derart, daß sie auf keine Weise eine körperliche Sicherheit in sich zu besitzen vermag.«[14]

Doch nicht nur das Wetter beeinflußt ihren Körper stark. Bei großen Entscheidungen und widrigen Umständen zeigt sie körperliche Symptome bis hin zur Lähmung, Blindheit und Sprachlosigkeit. Selbst heute kennen Ärzte solche Phänomene, die sogar in der Umgangssprache ihren Niederschlag finden: In einer Situation ist man »wie gelähmt«, und »es verschlägt einem die Sprache«, am liebsten will man vor einem Konflikt »die Augen verschließen«.
Im Mittelalter haben wahrscheinlich viel mehr Menschen seelische Konflikte unbewußt durch körperliches Versagen und Zusammenbrüche geäußert und verarbeitet. Das Denken damals ist einfacher und naiver. Eine Krankheit ist eine Strafe für Sünden, die Gott schickt. Die Denkmuster der modernen Psychologie, die uns heute oft daran hindern, so »primitiv« zu reagieren, sind noch unbekannt. Hier liegt auch eine Erklärung für die große Heilkraft, die von charismatischen Personen wie den Heiligen ausging. Wunder konnten leichter geschehen.
Hildegards Krankheiten sind manchmal ein Stachel, eine Waffe, die sie gegen andere und sich selbst einsetzt, mit denen sie Ängste und Feigheit besiegt und Druck auf Gegner ausübt. Meistens jedoch erlebt sie ihre Gebrechen als eine göttliche Prüfung, als eine Unterweisung in Demut. Krankheit bricht

Des ersten Buches vierte Schau: Die Seele und ihr Zelt[15]

Aus der Visionsschrift »Wisse die Wege«

»Aber ich gebrechliche und ungelehrte Frau sah weiter, wie auf eine andere Kugel (eine Seele, die Verf.) viele Stürme eindrangen und sie niederzuringen drohten. Doch... sie leistete tapferen Widerstand und bot ihrem Toben keine Bresche. Dennoch sprach sie klagend: ›Obgleich ich ein armseliges Wesen bin, obliegt mir doch Großes. Ach, wer bin ich! Was klage ich! Ich bin der lebendige Hauch im Menschen eingesenkt in das Zelt von Mark und Adern, von Gebein und Fleisch... Aber wehe, meines Zeltes Sinnenverhaftung gebiert Unreinheit, Ausgelassenheit, Leichtfertigkeit und jede Art von Lastern...‹
Und dann wieder will ich über die Wolken fliegen, das heißt, ich will über das vernünftige Maß hinausgehen und das beginnen, was ich nicht vollenden kann. Aber durch diesen Versuch rufe ich eine übergroße Traurigkeit in mir hervor, so daß ich weder auf dem Berge der Heiligkeit noch in der Ebene des guten Willens irgend etwas zustande bringe, sondern nur die Unruhe des Zweifels, der Niedergeschlagenheit in mir fühle... Aber wenn ich durch die Gnade Gottes mich erinnere, daß ich von Gott geschaffen bin, dann antworte ich inmitten all der Bedrängnisse den teuflischen Einflüsterungen: ›Ich werde der gebrechlichen Erde nicht weichen, sondern männlich wider sie streiten!‹...
Wenn der Stolz in mir den Turm der Eitelkeit... aufrichten will, wenn er jene Höhe in mir erstrebt, die nicht ihresgleichen hat, sondern alle überragen möchte, wer wird mir dann zu Hilfe kommen? Denn dann versucht die alte Schlange mich zu stürzen. Dann spreche ich traurig: ›Was kann ich Gutes ohne Gott?... Nichts.‹ So schau ich auf ihn, der mir mein Leben gab... Ich erkenne in der Höhe Gottes das süßeste Gut, die Demut. Ich empfinde die Lieblichkeit eines unvergänglichen Balsams... Und so besiege ich auch die übrigen Laster mit dem starken Schilde der Demut.«»[16]

Den Pfeilen der »Versuchung« widersteht die Seele in »Treue« zu Gott.

Verhärtung und bewahrt vor Selbstgefälligkeit. Leiden und Schmerzen sind nicht nur Qual, sondern ein wichtiger Teil des Lebens, es sind Lebenserfahrungen im Grenzbereich.
Sein Leben gestaltet der Mensch immer selbst, sagt Hildegard. Er trägt die Verantwortung für sein Gesundsein und Gesundwerden, denn er hat alle Möglichkeiten in sich:

»Bei der Erschaffung des Menschen aus Erde wurde eine andere Erde genommen, welche den Menschen darstellt, und alle Elemente waren ihm untertan, weil sie fühlten, daß Leben in ihm war, und sie halfen ihm in allen seinen Bemühungen und er ihnen. Und die Erde spendete ihre Kraft *(viriditas)* nach dem Geschlecht, nach der Natur, nach der Lebensweise und dem ganzen Verhalten des Menschen.«[17]
»In dieser seiner grünenden Lebenskraft sieht und fühlt der Mensch, denkt und wächst er, wie er auch seinem Wissen alles schöpferische Wirken leibhaftig berechnet und vorausplant.«[18]

Diese Grünkraft ist ein Schlüsselbegriff in Hildegards späterer Heilkunde. Er steht für die grünende Ordnungs- und Lebenskraft der göttlichen Liebe. Wo diese Kraft wirkt, ist Gesundheit, sind Mensch und Umwelt im Einklang, sind beide heil. Christus ist für sie der eigentliche Arzt, der große Medicus. Gesundheit heißt für Hildegard »der tätige Vollzug einer allem Leben einwohnenden Kraft«.[19] In diesem sehr umfassenden Verständnis ist sie keineswegs eine »kranke« Frau, sondern von großer »Gesundheit«. Nicht von seiner körperlichen Verfassung hängt letztlich ab, wo der Mensch steht, es ist eine geistige Entscheidung, sein Dasein ist sein Werk. Gerade das bezeugt Hildegard durch ihr sehr aktives, erfülltes und langes Leben. »Pflege das Leben bis zum äußersten«[20], diesem Rat ist sie selbst gefolgt und hat andere ermutigt, ebenso zu handeln.

»Die Seele ist wie ein Wind, der über die Kräuter weht, und wie Tau, der auf die Gräser träufelt, und wie Regenluft, die

wachsen macht. Genauso ströme der Mensch sein Wohlwollen aus auf alle, die da Sehnsucht tragen.
Ein Wind sei er, indem er den Elenden hilft, ein Tau, indem er die Verlassenen tröstet, und Regenluft, indem er die Ermatteten aufrichtet und sie mit der Lehre erfüllt wie Hungernde: indem er ihnen seine Seele hingibt.«[21]

Ihre Sensibilität, die sie oft aufs Krankenlager wirft, hat nicht nur eine schreckliche, sondern auch eine herrliche Seite. Hildegard fühlt sich mit allen Geschöpfen verbunden, die Natur ist ihr nicht Umwelt, sondern wirkliche Mitwelt. Sie spürt die Elemente und steht in leibhaftigem Gespräch mit der ganzen Welt. Sie ist eine Naturphilosophin, mehr noch eine Naturmystikerin. Und das Grün liebt sie besonders, das Symbol der Auferstehung und des Frühlings.

»Der vierte Monat ist voller Lebensgrüne und Wohlgeruch, auch wenn es in ihm schrecklich donnern kann. Er gibt einen Hinweis auf die Nase, mit der der Hauch der Seele den Duft einzieht und wieder entläßt, in der Vielfalt dessen, was er sich mit Ehrfurcht auswählt. Diesem Monat gleicht der Mensch, wenn er kraft des Vernunfthauches seiner Geistigkeit im Gewissen das Grün der guten Werke einsichtig auswählt. Es ist der Monat, in dem alle Frucht der Erde zu grünen anhebt und der des Duftens voll ist.«[22]

Meisterin Jutta begleitet und führt Hildegard nun seit über dreißig Jahren. Sie kennt nicht nur ihre Geschichte und Krankheiten. Jutta weiß – vielleicht mehr, als Hildegard ahnt – um deren Fähigkeiten zu führen und ein Kloster zu leiten, spürt deren Tatkraft und Lebensklugheit und sieht, daß ihre ehemalige Schülerin geistiges Vorbild sein kann: »Die ehrwürdige Mutter nahm voll Bewunderung wahr, wie aus einer Schülerin die Lehrmeisterin wurde und eine Wegbereiterin auf den Höhenpfaden der Tugend.«[23]
Als Jutta den nahen Tod fühlt, schlägt sie Hildegard als Nachfolgerin vor. Am 22. Dezember 1136 – so bezeugt das Sterbe-

buch des Disibodenbergs – schließt Jutta von Spanheim ihre Augen für immer. Eine Vogelschar, die vor dem Fenster gezwitschert hat, soll verstummt sein. Nachdem die Tote im Kapitelsaal beigesetzt ist, entströmte – so die Legende weiter – ein lieblicher Duft der Gruft. Die Mönche wagten nicht mehr, über eine solche Stätte zu gehen. Jutta wird in die Marienkapelle umgebettet.

Die Mitschwestern und Abt Kuno, der Vorsteher der ganzen Abtei, bitten Hildegard, das kleine Frauenkloster zu führen. Sie zögert, denn die Ansprüche, denen sie nach der Benediktsregel genügen muß, sind hoch. Es ist schwer und mühevoll, »Seelen zu leiten und der Eigenart vieler zu dienen, dem einen mit freundlichen Worten, einem anderen mit Tadel, einem dritten mit gutem Rat... Für so viele Seelen ... ist er am Tag des Gerichts dem Herrn Rechenschaft schuldig«.[24] Die »Obere« soll sie sein durch ihre Taten und ihre Lehre. Auch eine Äbtissin wirkt wie der Vater, *abba,* – so sieht es die Benediktsregel – im Kloster als Stellvertreterin Christi. Schließlich gibt Hildegard dem Drängen nach. Sie stellt sich dieser Aufgabe und beginnt zum ersten Mal, nach außen zu wirken:

»Der fünfte Monat ist lieblich leicht und herrlich in allen Dingen der Erde. So ist auch dem Mund das Schmecken süß und ergötzlich; wird doch durch diesen Geschmack festgestellt und erkannt, was den Menschen mit Freude erfüllt. Ähnlich ist die Vernunft die Säule und das Mark der fünf Sinne, die durch jene gehalten zum Wirken angetrieben werden, gleich wie die Erde, durch den Pflug umgeworfen, sich im Keimen als fruchtbar erweist.

Das Sehen aber – der Sinn der Augen –, womit der Mensch alles anschaut und begreift, hält mit Recht unter den übrigen Sinnen die Spitze... Und so erkennt der Mensch mit der Schau seiner Augen den vollen Gebrauch der natürlichen Dinge auf eine ganz natürliche Weise.«[25]

Einstimmig wählen die Klosterfrauen Hildegard zur neuen *magistra,* ihrer Meisterin. Von nun an rufen sie Hildegard auch *domina,* Herrin, und *mater,* Mutter. Der Titel Äbtissin ist im Alltag ganz ungebräuchlich. Die »Vita« erwähnt das neue Amt überhaupt nicht. Klostervorsteherin, *praeposita,* zu sein, hebt Hildegard nicht besonders hervor.

Ein überdachter Gang führt zur Abteikirche, wo das ewige Licht brennt. Sonst nehmen Klosterfrauen auf der abgetrennten Empore an den Stundengebeten und der Messe teil, diesmal sitzen sie im Kirchenschiff und erleben die Weihe Hildegards zur Äbtissin in einer Meßfeier. Bevor das Evangelium verlesen wird, leistet Hildegard einen Eid und wirft sich auf den Stufen des Altars zu Boden. Nachdem sie durch Handauflegen geweiht ist, übergibt ihr der Bischof die Regel des Ordens. Zeichen ihrer neuen Würde ist allein der Äbtissinnenstab, noch kein Brustkreuz und kein Ring schmücken sie. Vor der Wandlung bietet sie zwei brennende Kerzen dar, und nach dem Schlußsegen empfängt sie ihre Töchter zum Friedenskuß.

Fünf weitere Jahre vergehen, ohne daß die Welt außerhalb der Mauern des Disibodenbergs von der Nonne Hildegard von Bermersheim erfährt. Sie macht sich mit ihren neuen Aufgaben als Klostervorsteherin vertraut, denn nicht nur in Glaubensfragen und der Benediktsregel muß sie die Nonnen un-

Darstellung des Klosters Disibodenberg. Kupferradierung aus dem Jahre 1620.

terweisen. Auch den Unterhalt des Klosters muß sie sichern, seinen Besitz verwalten und den Zehnten eintreiben. Mönch Volmar steht der Gemeinschaft nicht nur weiter als geistlicher Berater zur Seite, sondern als »Schaffner« kümmert er sich auch um wirtschaftliche Belange. So karg wie am Anfang in der Klause leben die Frauen nicht mehr. Herrschaftlich, wie es in adligen Benediktinerklöstern üblich ist, ist das Kloster nun ausgestattet. Hildegards Stellung erlaubt ihr auch nach außen – gegenüber dem Abt des Männerklosters und gegenüber dem Erzbischof von Mainz – ein anderes Auftreten. Vielleicht machen ihr diese Autorität und eine neugewonnene Sicherheit auch Mut, sich noch einer ganz anderen, viel größeren Herausforderung zu stellen.

In all diesen stillen Jahren, so bezeugt Hildegard, haben die Schauungen sie nie verlassen. Doch wie und was sie genau sieht, deckt sie mit Schweigen zu. Das Licht, das die Seele der Dreijährigen erbeben ließ, ist bei ihr geblieben, doch die Lichterscheinungen ängstigen sie inzwischen nicht mehr. Sie erlebt sie als Ausdruck göttlicher Gnade, und damit steht sie nicht allein.

Mystiker und Philosophen des Mittelalters begeistern sich für das Licht und die Sonne. Sie werden nicht müde, den Glanz des Tageslichts und die Flammen des Feuers zu preisen. In einer wirklich »dunklen« Zeit ist Licht kostbar, auch deshalb gilt es als göttlich. Doch die Vorstellung von Gott als Licht hat eine lange Tradition. Der semitische Bel, der ägyptische Ra und der iranische Ahura Masda sind alles Götter, die die Sonne oder die wohltätige Wirkung des Lichtes verkörpern. Platons Sonne war die Idee, das Gute. Und in der christlichen Tradition wird Gott oft als Feuer und Lichtsäule gesehen und gepriesen. Hildegard sieht ihren Gott als ein »durchaus lebendiges Licht. Gott, der Feuer und Licht ist, belebt den Menschen durch die Seele«.[26]

Die Lichterscheinungen Hildegards haben möglicherweise auch eine organische Grundlage.[27] In den Bildern, die sie schaut, finden sich unzählige Elemente, die typisch für Menschen mit Migräneattacken sind: fallende Sterne oder gezackte

Mit dem starken Schilde der Demut

Der heilige Benedikt (Saint Benoît) unterhält sich mit seiner vor ihm knienden Schwester Scholastica. Beide gelten als Begründer des Benediktinerordens. Miniatur 15. Jh.

Linien, flimmernde Lichtpunkte und Lichtspiralen. Solche sichtbaren Vorzeichen eines Kopfschmerzes können mit großen Glücksgefühlen einhergehen. Jedoch erleben die meisten Menschen ein derartiges organisches Geschehen als banal oder bedeutungslos. Nur eine herausragende Persönlichkeit wie Hildegard kann diese Erscheinungen auch für sich nutzen und in tief empfundene Bilder und Gefühle übertragen und einbauen.

Von dem Heraufdämmern der ersten mystischen Erfahrungen des Kindes über Begegnungen mit ihrem Gott im Licht kommt Hildegard zu immer mächtigeren Bildvisionen.

»Ich schaute – sah etwas wie einen großen eisenfarbenen Berg, darauf thronte ein so Lichtherrlicher, daß seine Herrlichkeit meine Augen blendete. Von beiden Schultern des Herrschers ging, Flügeln von wunderbarer Breite und Länge gleich, ein matter Schatten aus. Vor ihm, zu Füßen des Berges, stand ein Wesen, das über und über mit Augen bedeckt war – so sehr, daß ich wegen der Augen nicht einmal die menschlichen Umrisse erkennen konnte. Vor diesem Wesen stand ein anderes, im Kindesalter, mit mattfarbenem Gewand und weißen Schuhen. Über sein Haupt ergoß sich von dem, der auf dem Berge saß, solches Lichte Fülle, daß ich des Mägdleins Anlitz nicht zu schauen vermochte. Auch gingen von dem, der auf dem Berge saß, viele lebendige Funken aus, die die Gestalten mit sanftem Glühen lieblich umflogen. Der Berg selbst hatte sehr viele kleine Fenster, in denen Menschenhäupter, teils bleich, teils weiß erschienen.«[28]

In solche Bilder (siehe auch die Abbildungen auf S. 8, 13, 103) fließt alles ein, was über Jahre in ihrem Unterbewußtsein und durch ihre bewußte Wahrnehmung der Welt, durch ihr Beten und ihre Bildung, durch ihre Gefühle und ihren Intellekt, ihren Glauben und ihr Wissen gewachsen ist. Die Augengestalt zum Beispiel verkörpert die »Furcht des Herrn«. Die Menge der Augen ist so groß, weil sie »durch ihr unentwegtes Schauen jedes Vergessen der göttlichen Gerechtigkeit« von sich abschüttelt. Die umherfliegenden Funken bedeuten, daß Gott mit all seinen Kräften die wahrhaft Gläubigen schützt und umfängt. Die Menschenhäupter in den kleinen Fensterchen verweisen auf die menschlichen Handlungen, deren Lauheit oder Reinheit Gott nicht verborgen werden kann.
In einer Vision wird Hildegard aus ihrer Umwelt auf außernatürliche Weise in einen anderen Raum versetzt. Sie schaut dann »diesen Raum beziehungsweise dessen Inhalt als beschreibbares Bild«, und ihr wird »dadurch bisher Verborgenes offenbar«.[29]

Nicht in Ekstase, sondern mit wachem Geist schaut Hildegard immer mächtigere Bilder. ▶
Diese erste Vision aus ihrem Werk »Wisse die Wege« trägt den Titel »Der Leuchtende«.

Visionen müssen nicht religiös sein, aber im Mittelalter sind sie es ausschließlich. Der christliche Glaube prägte damals den ganzen Menschen und das ganze Leben. Auch Visionäre schauen meistens ihrer Zeit gemäß. In allen Kulturen hat es Menschen gegeben, die mehr sehen, tiefer blicken als andere oder hinter die Dinge sehen. Eine allerletzte Erklärung bleibt immer versagt, Ärzte und Psychologen, Theologen und Philosophen scheitern. Am Ende ist es eine Frage des Glaubens oder Nichtglaubens, auch bei Hildegard von Bingen.
Diese Versetzung in eine andere Wirklichkeit geschieht oft in Ekstase oder im Schlaf. Bei Hildegard ist es anders. Sie selbst hat sehr genau Zeugnis gegeben von ihrer Art zu schauen:

»Die Gesichte, die ich schaue, empfange ich nicht in traumhaften Zuständen, nicht im Schlafe oder in Geistesgestörtheit, nicht mit den Augen des Körpers oder den Ohren des äußeren Menschen und nicht an abgelegenen Orten, sondern wachend, besonnen und mit klarem Geiste, mit den Augen und Ohren des inneren Menschen, an allgemein zugänglichen Orten, so wie Gott es will. Wie das geschieht, ist für den mit Fleisch umkleideten Menschen schwer zu verstehen.«[30]

Hildegard hat sich nicht durch Fasten, Wachen oder körperliche Züchtigung der Welt entrückt, und ihre Gesichte sind nicht an kirchliche Festtage gebunden. Sie erlebt, während sie die Bilder schaut, keine heftigen Ekstasen wie ihre Zeitgenossin Elisabeth von Schönau. Hildegard warnt die Nonne Elisabeth später ausdrücklich davor, dem Körper mehr Mühsal aufzuerlegen, als er aushalten kann. Elisabeth von Schönau starb mit sechsunddreißig Jahren.
Doch der Alltag in einem Benediktinerinnenkloster bereitet auch ohne besondere Übungen und Meditationen den Boden für tiefe religiöse Erlebnisse. Schon das Chorgebet ist eine machtvolle Form des sich Versenkens in eine andere Wirklichkeit. »Unter die Augen Gottes und der Engel«[31] – so steht es in der Benediktsregel – treten die Nonnen schließlich mit ihrem Chorgesang.

Hildegard betont ihren wachen Zustand, während sie Visionen hat, um auf eine besondere Form der Erkenntnis zu verweisen. Mit seinen Sinnen und seinem Geist kann der Mensch begreifen, doch sie erfüllt die »göttliche Inspiration«, die von außen kommt. Sie ist nur ein Instrument, das ein anderer spielt.

»Der Mensch, der dies schaut..., sieht und sieht doch nicht; er spürt das Irdische und doch wieder auch nicht. Er trägt Gottes Wunderdinge nicht aus sich selbst vor, ist vielmehr davon so ergriffen, wie eine Saite durch den Spieler ergriffen wird, um ihren Ton nicht aus sich, sondern aus dem Griff eines anderen wiederzugeben.«[32]

Fast überpersönlich ist der Inhalt ihrer Bildvisionen. Es geht um die ganze Welt und die Geschichte, sie schaut die Wunder Gottes im Kosmos und im Menschen. In ihrer Mystik bleibt Hildegard die »große Rationale«. Sie sucht nicht die persönliche Erleuchtung, sie will nicht, wie die späteren Frauenmystikerinnen, mit ihrem Gott eins werden.
Das Besondere an dieser Frau des 12. Jahrhunderts ist nicht, daß sie solche »Himmelskundgebungen« sieht. Sie hat sich im Laufe der Jahre in diesem Leben im Schatten des Lichtes eingerichtet, sie lebt mit diesen Bildern, die immer häufiger auftauchen. Außergewöhnlich ist, daß sie jetzt in einer Vision aufgefordert wird, über das Mystische hinaus- und weiterzugehen:

»Da wurde ich in dieser Schau unter heftigen Schmerzen gezwungen zu offenbaren, was ich gesehen und gehört hatte. Doch ich fürchtete mich sehr, das auszusprechen, was ich so lange verschwiegen hatte. Meine Adern aber und mein Mark waren damals voller Kräfte, von denen es mir doch von Kindheit an gefehlt hat.«[33]

Hildegard scheut sich, ihr Innerstes zu entblößen, aber da ist etwas, das sie treibt. Kräftig fühlt sie sich, gesund wie noch nie und voller Lebensgrüne. Glauben heißt für sie handeln, mitgestalten und eingreifen, nicht nur in den Klostermauern. Sie spürt »die brennende Vernunft«[34], die nach außen drängt. Belehrend, warnend, fordernd soll sie sich an die Welt wenden. Und die Zeit ist günstig für eine Frau wie sie.

Hildegard ist, auch wenn es ihr nicht bewußt war, eingebunden in eine neue weibliche Frömmigkeitsbewegung, die ab dem 11. Jahrhundert überall sichtbar wird. Frauenklöster verbreiten sich über Deutschland. Nur siebzig gab es im Jahre 900, um 1100 hatte sich ihre Zahl mehr als verdoppelt, und im Jahre 1250 werden fünfhundert Frauenklöster existieren. Nicht weil sie sich nach einer Gemeinschaft mit ihresgleichen sehnen, treten so viele Frauen in Klöster ein. Sie suchen eine Emanzipation im übertragenen Sinne, die Erlösung aus irdischen Bindungen. Sie sind Zeitgenossen der Kreuzritter und Angehörige eines kämpferischen Zeitalters und betrachten sich selbst als Streiterinnen Gottes.

Hildegard spürt die Suche nach Neuem und die Gottlosigkeit in der Gesellschaft, die Kämpfe mit und in der Kirche. Wieder fühlt sie »die brennende Vernunft«, die nach außen drängt.

Als Hildegard von Bermersheim in ihrem dreiundvierzigsten Lebensjahr steht, hat sie ihr halbes Leben gelebt. Es war ein Leben im Verborgenen. Doch schon bald wird sie für alle sichtbar im Licht stehen. Hell ist der Sommeranfang.

»Der sechste Monat mit seiner Hitze ist recht trocken. Um des guten Gedeihens willen mildert er seine Natur mit jenem Lufthauch, der den Früchten die Reife bringt, doch gießt er auch bisweilen im Übermaß die Wasserfluten aus. Hiermit wird auf die Schultern des Menschen hingewiesen, die ... sich jeder Arbeit unterziehen, jegliches Werk durchführen und so den Körper im Ganzen erhalten... Indem die Ohren den Klang einer jeden Erscheinung aufnehmen, kann jedes Ding der Natur, was und wo es auch sei, seinem Wesen nach erkannt werden.«[35]

Zum ersten Mal vernimmt Hildegard jetzt deutlich den Befehl Gottes: »Schreibe, was du siehst und hörst!«[36]

Von Wasser umschlossen

Unter Baumriesen versteckt, liegt heute die Klosterruine Disibodenberg. Die Zweige bilden ein grünes Laubdach, hoch oben, wo früher der Turm der Abteikirche in den Himmel ragte. Die »Gottesstadt«, die sich hier erhob, ist versunken. Abgebrannt und zerstört wurde sie und als Steinbruch genutzt. Die Wurzeln wuchernder Pflanzen sprengten ihre Mauern. Die gewaltigen Bäume, die man um 1840 pflanzte, sollten aus dem Disibodenberg einen Park machen, in dem Ruinen und Natur eine »romantische Erlebniseinheit« bilden.[1]
Malerisch ist der Berg geblieben. Einen Sporn nennen Fachleute diesen Hügel, der sich in den Talkessel zwischen Nahe und Glan vorschiebt und abbricht, bevor sich die zwei Flüsse vereinigen. Die Jahrtausende alte Kultstätte ist von Wasser umschlossen.
»Das Wasser hat fünfzehn Kräfte: Wärme, Luftigkeit, Feuchtigkeit, Aufwallen, Geschwindigkeit, Beweglichkeit; ferner gibt es den Bäumen Saft, den Früchten Geschmack, den Kräutern die Grünkraft; mit seiner Feuchtigkeit trieft es weiterhin in allen Dingen, es hält die Vögel, nährt die Fische, belebt die Tiere durch seine Wärme, hält die Kriechtiere in seinem Schleim zurück und faßt so alles zusammen; dies ist den zehn Geboten samt den fünf Büchern Moses' im Alten Testament zu vergleichen, die Gott ja alle für das geistige Verständnis errichtet hat.«[2]
Wer den Weg zur achtzig Meter über den Talgrund ragenden Kuppe hinaufgeht, ahnt schon die Ruinen, ehe er die Mauerecken über den Baumwipfeln erspäht. Behauene Steine weisen den Weg.
Der Betreiber des ehemaligen Klosterhofes am Fuße des Disibodenbergs, Hans Lothar Freiherr von Racknitz, führt Besucher durch das verfallene Kloster. Viele suchen Hildegards Spuren. Dann geht der hagere Mann mit ihnen zu den Mauerresten, die auf einem Plateau südwestlich der Kirche liegen. »Hier lebte Hildegard.« Er deutet auf die Stelle, wo ein Rosenstock blüht. Ein schönes Bild. Ein Augenblick ehrfürchtigen Schweigens, bevor der Freiherr weitererzählt. Hier sei eine sehr hohe Erdstrahlung gemessen worden: »Kein Wunder, daß sie Visionen hatte.« Ein magischer Ort?

Das ganze Nahegau ist »Hildegard-Land«. Es erstreckt sich auf dieser Aquatinta-Zeichnung von 1828 vom Donnersberg, in dessen Nähe der Disibodenberg liegt, bis zur Nahemündung. Gegenüber der Stadt Bingen am linken Rheinufer erhebt sich das Kloster Rupertsberg.

Ernüchternd korrigiert ein baugeschichtlicher Forschungsbericht zur Klosterruine: Diese Lage der Frauenklause sei »durch keinerlei archäologischen Befund gestützt«, man bewege sich »auf dem Feld weitgehender Spekulation«. Der schöne Ort mit dem Rosenstock verkörpere nur eine durch entsprechende »Restaurierungsmaßnahmen verfestigte These.«[3] Trotzdem, der Zauber des Ortes bleibt. Es sind noch genug Steine da, die erzählen könnten: die Pfeiler der Abteikirche, in der Hildegard zur Äbtissin geweiht wurde, und die Reste der Marienkapelle, in der Jutta von Spanheim die letzte Ruhe fand.

Von der Kuppe des Berges kann der Blick noch umherschweifen, hinaus ins Nahetal und bis zu den Höhen des Hunsrück, über Äcker und Weinberge. Und wenn das Laubdach rauscht und flüstert, Dunst in der Luft liegt und die Sonne flirrt, gebiert das Dämmerlicht ferne Bilder. In vergangene Zeiten versetzt der Disibodenberg, den die Wasser von Glan und Nahe bis heute umschließen.

Eine Feder wurde berührt, daß sie emporfliege

Erste Niederschrift ihrer Visionen, Schritte in die Öffentlichkeit, päpstliche Anerkennung und Trennung vom Disibodenberg 1141–1150

Licht, immer wieder dieses Licht, es läßt ihr keine Ruhe. Gott ist das Licht, ist die Sonne. In die Sonne kann doch kein Mensch schauen. Hildegard zittert. Hier ist es wieder, »das lebendige Licht, das alles Dunkel durchleuchtet«.[1] Was geschieht mit ihr? Sie erblickt ein himmlisches Gesicht, und »mit großer Furcht spannt sich ihm ihr Geist entgegen«. Aus einem »sehr großen Glanz« erschallt eine Stimme:

»Gebrechlicher Mensch, Asche von Asche, Moder von Moder, sage und schreibe, was du siehst und hörst. Doch weil du schüchtern bist zum Reden und einfältig zur Auslegung und ungelehrt, das Geschaute zu beschreiben, sage und schreibe... aus der Gabe heraus, die dir in himmlischen Gesichten zuteil wird: wie du es in den Wundern Gottes siehst und hörst... Den Menschen, den Ich erwählt und den Ich, wie es Mir gefiel machtvoll erschüttert habe, stellte Ich in große Wunder hinein, mehr noch als die Menschen der alten Zeiten, die viele Geheimnisse in mir schauten.«

Sie ist auserwählt. Ein erhabenes Gefühl, dem sich Hildegard hingibt. Prophetin zu sein, ist Glück. Lust der Erkenntnis. Sie wollte immer schon wissen, alles wissen. Die Weisheit ist eine Göttin, die kraftvoll die Lebensbahn umkreist und das All umfängt. Drei Flügel hat die Weisheit:

»In die Höhe empor schwingt der eine,
auf der Erde müht sich der zweite,
und allüberall schwingt der dritte.
Lob sei dir, Weisheit, würdig des Lobes.«[2]

Hildegard friert und zittert nicht mehr. Sie ist inmitten dieses Glanzes. Ein »feuriges Licht mit Blitzesleuchten« ergießt sich aus dem offenen Himmel und durchströmt ihr Gehirn.

»Es durchglühte mir Herz und Brust gleich einer Flamme, die jedoch nicht brannte sondern wärmte, wie die Sonne den Gegenstand erwärmt, auf den sie ihre Strahlen legt. Nun erschloß sich mir plötzlich der Sinn der Schriften, des Psalters, des Evangeliums und der übrigen katholischen Bücher des Alten und Neuen Testamentes.«

Mit zweiundvierzig Jahren schaut sie und sieht.
Hildegard erzählt Propst Volmar von der fordernden Stimme, die zu ihr spricht, und von den neuen gewaltigen Bildern, die sie sieht: »Ihm habe ich alle meine Geheimnisse geoffenbart, und er hat mich getröstet mit der Sicherheit: sie seien erhaben und schauererregend.«[3] Sein Trost richtet sie auf, doch nur für kurze Zeit. Zweifel überwältigen sie wieder.
Warum gerade ich, fragt sich Hildegard. Sie ist eine ungelehrte Frau ohne »trotzige Verwegenheit«, die Furcht erfüllt, die Schmerzen leidet in ihrem Mark und in den Adern ihres Fleisches. »Mein Körper ist geschüttelt von schwerem Leiden, so daß keine Sicherheit in mir wohnt. Die Welt freut und ergötzt sich nicht an mir, ungeschickt in weltlichen Geschäften bin ich«.
Hildegard ist erschüttert und fürchtet sich. Dieses Bewußtsein, von Gott auserwählt zu sein, lastet auf ihr. Grenzt es an Vermessenheit, erhebt sie sich in »Geistesaufgeblasenheit« über ihre Mitschwestern und die Mönche, über Priester und Bischöfe? Alles kann eitler Trug sein, eine Versuchung des Teufels gar. Irrt sie? Wird sie irre?

»Sage und schreibe, was du siehst und hörst.«

Hildegard bäumt sich auf und sagt nein. In stummer Zwiesprache mit ihrem Gott – in ihrer Zelle oder in der Klosterkirche – ringt sie sich durch, stumm zu bleiben: »Ich weigerte mich, zu schreiben. Nicht aus Hartnäckigkeit, sondern aus dem Empfinden meiner Unfähigkeit, wegen der Zweifelssucht, des Achselzuckens und des mannigfachen Geredes der Menschen.«

Hildegard fühlt sich hin- und hergerissen zwischen der großen Herausforderung, Gottes Wort zu verkünden, »das Verborgene zu offenbaren«, und ihrer hartnäckigen Weigerung. Sie kann ihr Nein, das sie als ein Nein zu ihrem Gott erlebt, nicht tragen und ertragen. Es ist alles zuviel, ihre Kräfte schwinden, und sie bricht zusammen: »Gottes Geißel warf mich auf das Krankenlager.« Als Prüfung durchlebt sie »die vielen Leiden«.

»Sage und schreibe, was du siehst und hörst.«

Die Krankheit straft ihre Feigheit, sie darf sich Gott nicht länger verschließen. Und sie will ja auch gehorchen. Doch sie braucht Hilfe. Nicht von Gott allein, auch von einem Menschen, hier und jetzt. Allein verzagt sie. Sie sucht jemand, der ihr helfend entgegenkommt, und wieder steht ihr Propst Volmar bei.

Der Mönch kennt sie seit Jahren und hat schon mit der verstorbenen Meisterin Jutta über Hildegards Gabe gesprochen, Verborgenes zu sehen. Er war ihr Lehrer, er gab ihr die Bildung und das Wissen, aus dem sich ihre Visionen auch speisen. Sie offenbart dem vertrauten Menschen, ihrem Seelsorger den inneren großen Kampf, den sie ausficht. Wenn er ihr hilft, wird sie es wagen und sprechen. Sie weiß, daß Volmar »ein treuer Mensch« ist, der sich mit ihr »um den Auftrag Gottes mühen« wird. Sie wird die Prophetin sein, er soll »die Feile« führen und ihr unvollkommenes Latein zurechtschleifen.

Der Mönch sagt ja, und Hildegard gelobt, von nun an aufzuschreiben, was sie schaut. Nicht nur Volmar arbeitet von nun an »mit großem Eifer«[4] mit ihr zusammen. Sie weihen in das Vorhaben auch die Nonne Richardis von Stade ein, der Hildegard mehr als ihren anderen »geistigen Töchtern« zugetan ist. Sie soll der Meisterin ebenfalls bei der Arbeit zur Hand

gehen. Diese beiden Mitwisser, Volmar und Richardis, führt Hildegard als ihre »Zeugen« an: »Als ich nun zu schreiben begann und alsbald... die Gabe tiefsinnender Schriftauslegung in mir wirksam fühlte, kam ich wieder zu Kräften und stand von meiner Krankheit auf.«
Zunächst schreibt Hildegard »insgeheim«, bis Volmar genauer sieht, von welcher Art ihre Gesichte sind und ob sie wirklich von Gott kommen. Ihr Seelsorger unterrichtet schon bald Abt Kuno von den wunderbaren Dingen, die innerhalb der Klostermauern geschehen, und auch der Klostervorsteher duldet nach dieser Unterredung die Schreibversuche der Nonne.

Ihre Berufung, diesen Wendepunkt ihres Lebens, schildert Hildegard in der Vorrede zum »ersten Buch meiner Visionen«. Sie nennt es »Sci Vias« – Wisse die Wege, »weil es auf dem Wege des lebendigen Lichtes kundgetan wurde und nicht aus der Lehre stammt.«[5]
Vordergründig gelesen tritt hier eine schwache, ungelehrte und kränkelnde Frau ins Licht, ein »einfältiger Mensch«, der eine visionäre Begabung hat. Doch Hildegard liefert in ihrem Vorwort bereits eine Selbstdarstellung als Prophetin. Das macht ihr Selbstzeugnis nicht weniger wahr, aber vielschichtiger.
Ihre körperliche Schwäche ist, wie zum Beispiel schon bei dem Apostel Paulus oder dem Propheten Ezechiel, eine wichtige Voraussetzung echten Prophetentums. Krankheit ist Rückzug aus der Körperlichkeit und öffnet für die göttliche Eingebung, die das »gebrechliche Gefäß nur eines Weibes« erfüllt. Hildegard wertet die menschlichen Bildungsgüter ab, um ihre andere, viel tiefere Gelehrtheit hervorzuheben: Sie weiß nur, weil sie erleuchtet ist, »durchweht von geheimnisvollem Hauch«[6]. Damit stellt sie sich ganz bewußt in eine Ahnenreihe mit den Propheten des Alten und Neuen Testaments und kommt denen zuvor, »die um der Sünde Evas willen dich (als Frau) für verächtlich halten.«[7]
Die roten Flammen, die auf Hildegard niederfallen, erinnern an den Heiligen Geist, der an Pfingsten die Apostel – und jetzt

sie – erleuchtet hat. Pfingsten folgt auf die Menschwerdung (Inkarnation) und Auferstehung Jesu Christi. Indem Hildegard ihre Erleuchtung als eine »pfingstliche« beschreibt, weist sie sich auch ihren geschichtlichen Platz zu: Sie ist eine Mahnerin in ihrer Zeit.
In all ihren Schriften deutet sich Hildegard als Prophetin, in die Texte flicht sie immer wieder Beweise dieser Gabe ein. Das allein berechtigt sie zu schreiben, Rat zu sprechen und zu urteilen. Wie Hildegard ihr Prophetentum untermauert und ihr literarisches Schaffen rechtfertigt, ist eine »Neugründung«[8]. Keine lehrende und schreibende Frau vor ihr hat das gewagt.

»Und wiederum hörte ich die Stimme vom Himmel. Sie sprach: So rufe denn und schreibe also.«[9]

Hildegard schreibt in lateinischer Sprache. Etwas anderes ist ihr nie in den Sinn gekommen, Latein ist die unumstrittene Sprache der Kirche und der Gelehrten. Lateinisch verfaßt sind alle Werke, aus denen sie ihre Bildung gewonnen hat und woraus viele Bilder ihres Werkes stammen. Die mittelhochdeutschen Dichter Wolfram von Eschenbach und Hartmann von Aue, der Dorfpoet Neidhardt von Reuental und der Minnesänger Walter von der Vogelweide sind im Jahr 1141 noch nicht einmal geboren.
Hildegard ringt mit der Sprache. Sie muß erst die passenden Worte, den richtigen Stil finden für das, was sie riecht und fühlt, sieht und hört. Sie muß die mit allen Sinnen geschauten Bilder in eine Sprache übersetzen, die ihr noch unbekannt ist. Selbst die Worte, die sie hört, »klingen nicht wie aus Menschenmund, sondern sie sind wie eine blitzende Flamme und wie eine im reinen Äther sich bewegende Wolke.«[10]
In ihren Schauungen lernt Hildegard nicht, »wie die Philosophen zu schreiben«[11], und was sie hört, bleibt immer ein einfaches Latein. Wobei diese »Redeweise eines Ungelehrten«[12], die sie durchgehend anwendet, typisch ist für viele Offenbarungsschriften. Auch die Apostel waren zuerst einfache Fischer.

Die große »Fremdheit und Unverständlichkeit der göttlichen Mitteilung«[13], die sie auch empfindet, versucht Hildegard möglicherweise mit einer »unbekannten Schrift« und einem »unbekannten Alphabet« zu veranschaulichen, die sie selbst entwirft.[14] Die Geheimsprache, die himmlische Botschaften verschlüsselt, liefert dann einen weiteren Beweis für ihre visionären Erfahrungen, die anderen Menschen verschlossen bleibt.

Mönch Volmar hat ein Gespür für Hildegards ganz eigene Art zu formulieren, die auch fasziniert, weil sie oft unklar, doppeldeutig und dunkel bleibt. Ihre Texte durchglüht ein Eifer, der das Wortkorsett sprengen will. Volmar, der »die Feile« führt, hat ihre Sätze nicht glattgeschliffen, ihnen nichts hinzugefügt oder sie gar neu formuliert. Der Sekretär korrigiert nur Formfehler, um dem Text zu einem »den Menschen entsprechenden Klang«[15] zu verhelfen. Im 18. Jahrhundert behaupten Gelehrte, wer diese Sprache dem Heiligen Geist zuschreibe, begehe eine Gotteslästerung.
Das Latein Hildegards bleibt – auch nach den Verbesserungen Volmars – oft sperrig und schwer zu lesen. Trotzdem spricht daraus eine große Dichterin: »Keine geschulte Literatin« ist Hildegard, aber eine »empfindsame Frau, die dichterisch vermittelt«[16]. Ihr Latein ist kunstlos, aber auch ungekünstelt. Konkret spricht sie aus, was sie sieht, oft sind die Bilder derb und bäuerlich, aber klar durchdacht und geplant die Texte. Schöpferisch und eigenständig formuliert sie und schafft sogar neue lateinische Wörter. Sie findet ungewöhnliche, verblüffende und vielfältige Bilder. Sie offenbart »jene großartige intuitive Begabung, die uns dieses Weltgedicht als einmalig erscheinen lassen«[17], bis heute.

»Wenn ein Mensch ein Haus baut, dann macht er an ihm eine Tür und Fenster sowie einen Rauchabzug: durch die Tür will er ein- und ausgehen, um alles Nötige hereinzubekommen; durch die Fenster will er Licht haben, und durch den Schornstein soll der Rauch abziehen, damit das Haus nicht im Qualm verkommt, wenn darin ein Feuer angezündet wird. So sitzt auch die Seele im Herzen wie in einem Haus: ihre Gedanken schickt sie wie durch eine Tür ein und aus, erwägt hin und her, als wenn sie durch ein Fenster schaute, und ihre sonstigen Funktionen leitet sie wie von einem angezündeten Feuer zum Gehirn wie zu einem Schornstein... Hätte der Mensch diese Gedanken nicht, dann fehlte ihm auch die Einsicht, und er würde dastehen wie ein Haus, an dem man Türen, Fenster und Schornstein vergessen hat.«[18]

Hildegard richtet sich einen Arbeitsplatz in einer Klosterzelle ein, die ein Sprechgitter unterteilt. Auf der einen Seite, im Klausurbereich des Frauenklosters, sitzen Hildegard und Richardis, auf der anderen Seite hält sich Mönch Volmar bereit. Hildegard erprobt und entwickelt eine Arbeitsweise, die sie ihr Leben lang beibehält: Mit einem spitzen Griffel aus Holz, Metall oder Bein ritzt sie Worte in eine Wachstafel. Die aufklappbaren, zweigeteilten Holztafeln sind bis auf einen Rand flach ausgehöhlt und mit dunkel gefärbtem Wachs aufgefüllt. Sie dienen als eine Art Notizblock, auf denen man flüchtige Notizen und Diktate festhält oder Briefe und Texte entwirft. Hat sich Hildegard verschrieben, ebnet sie mit dem flachen Ende des *stilus*, des Griffels, die weiche Oberfläche ein und setzt neu an.
Die erste, von Hildegard eigenhändig geschriebene Fassung überträgt Volmar mit Tinte und Schreibfeder auf Pergamentblätter. Seine Abschrift überarbeitet Hildegard nochmals. In einem letzten Arbeitsgang verbessert ihr Sekretär erneut die Schreib- und Satzfehler. Mit einem Federmesser kann er einzelne Endungen und Wörter von dem kostbaren Pergament schaben. Er ergänzt Buchstaben, stellt um und fügt ein. Das korrigierte Manuskript geben sie in das Skriptorium des Klosters, wo gelernte Schreiber die Reinschrift anfertigen.
Die Niederschrift der Schauungen erfordert viel Zeit. Doch Hildegard und ihre beiden Helfer bleiben weiter eingebunden in den fest geregelten Tag eines Benediktinerklosters. Die Stunden des Schlafens und Wachens, Schweigens und Essens,

Betens und Arbeitens liegen fest. Und arbeiten heißt für Hildegard nicht allein schreiben. Sie muß weiter den vielfältigen Aufgaben einer Äbtissin nachkommen. Wenn sie jeden Tag ein bis zwei Stunden schreibt, ist das viel, und selbst das kann ihr nur mit eiserner Disziplin gelingen. Der Mönch Volmar ermahnt Hildegard immer wieder, »nicht wegen irgendwelcher Schwäche meines Körpers aufzugeben, sondern Tag und Nacht an dem, was mir in dieser Schau gezeigt wurde, zu schreiben und zu arbeiten.«[19]

»Schreibe auf, was du siehst und hörst.«

Jedem Tag ringt Hildegard die Zeit zum Schreiben ab, nie darf sie nachlassen, den Schreibgriffel nie zu lange weglegen, sonst befällt sie die Angst, nicht fertig zu werden. Die Nonne Richardis geht ihr hilfreich zur Hand, sorgt auch dafür, daß das Schreibgerät in Ordnung ist. Wenn Hildegards Finger vom vielen Schreiben lahm werden, diktiert sie manchmal Richardis oder Volmar ihre Texte. Auch in den kalten Monaten sitzen die drei eingehüllt in Fellmänteln in der Zelle. Es ist nicht verwunderlich, daß Hildegard an der ersten Visionsschrift zehn lange Jahre arbeiten wird. Sie klagt: »Schwer mühe ich mich ab mit dieser Schau.«[20]
Hildegard sieht Bilder voller Schönheit und erschrickt doch vor deren Gewalt. Jedes Schauen ist ein »schöpferischer Akt«: Auch wenn Gott die Gesichte bewirkt hat, muß Hildegard jede Vision »als Tat«[21] selbst vollziehen. Sie spannt ihren Geist Gott entgegen: »Ich strecke mich aus nach dem lebendigen Gott«.[22]
Dann ist sie eine Gefangene des Lichts.
Das Schauen ist ein geistiger Akt, der den ganzen Menschen beansprucht und an seine Grenzen treibt, auch an körperliche Grenzen. Hildegard erlebt ihre Gesichte als Lust und Last:

»Und wiederum hörte ich, wie Er sprach: ›Wie schön sind deine Augen, wenn du Gottestaten kündest, und wenn in ihnen die Morgenröte des göttlichen Ratschlusses aufleuchtet!‹ Ich hinwieder antwortete: ›Wie Asche und Aschen-

Eine Feder wurde berührt, daß sie emporfliege

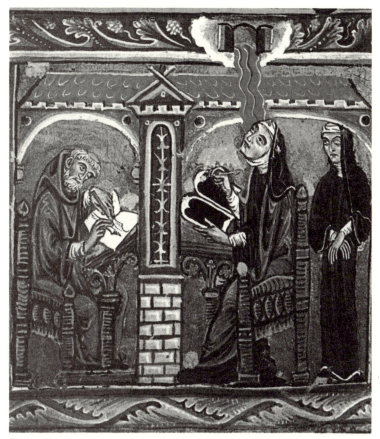

In der Klosterzelle schreibt Hildegard ihre Visionen nieder. Die Äbtissin ist in dieser prophetischen Szene größer als die Nebenfiguren, ihre Helfer Volmar und Richardis. Ein Feuerstrom ergießt sich aus einem kleinen Himmelsfenster mit blauen Läden, das auf einer goldenen Wolke schwebt. Das Goldlicht des Grundes dieser Miniatur aus dem 13. Jh. deutet auf die Ewigkeit Gottvaters hin und das Saphierblau von Gitter und Turm auf den Sohn Gottes. Das Rot von Feuer und Dach ist das Zeichen des Heiligen Geistes.

kot bin ich vor mir im tiefen Grunde meiner Seele und wie verwehender Staub. Zitternd verweile ich im Schatten wie unter schützenden Flügeln. Vertilg mich nicht als ein Fremdling aus dem Lande der Lebendigen!‹«[23]
»Als ich schaute, rief plötzlich eine furchtbare Stimme vom Himmel: ›Göttlich ist was du siehst!‹ Ich prallte zurück.

Schrecken erfaßte mich, ob dieser Stimme, und ich zitterte so, daß ich den Blick nicht mehr dorthin zu erheben wagte.«[24]

»Nun wallte plötzlich der dreifache Glanz, der die Gestalt umleuchtete, in die Breite, und zahlreiche Stufen und Treppen wurden in schönster, ordnungsgemäßer Folge in ihr sichtbar. Bei diesem Anblick befiel mich ein solches Zittern, daß mir die Kräfte schwanden. Ich sank zu Boden und war nicht imstande zu reden. Da nahte sich ein helleuchtender Glanz, berührte mich wie mit einer Hand, und so kam ich zu Kräften und fand die Sprache wieder.«[25]

Hildegard nimmt ihr verändertes Bewußtsein, während sie schaut, deutlich wahr. Selbst wenn Empfindungen ihres Körpers erlöschen – nie vernichtet das Schauen ihre Persönlichkeit. Nie verliert sie die sichtbare Welt aus den Augen. Nur ihr Erkennen verwandelt sich, es ist ein Wissen auf einer höheren Stufe. Dann fühlt sie, daß die göttliche Eingebung »wie sanfter Regen in das Erkennen meiner Seele«[26] tropft. Schön ist das, aber auch schwer zu ertragen.
Die Bilder graben sich tief in Hildegards Gedächtnis und verlassen sie nicht mehr. Wie lebt ein Mensch in dieser Anspannung, ständig im »Schatten des Lichtes«, tagtäglich beansprucht von den Schauungen? Hildegard braucht Menschen, die sie stützen, wenn sie schwach wird, und denen sie ihre Ängste und Zweifel anvertrauen kann.
Ihr Vertrauter, der Mönch Volmar, gewährt ihr geistigen Beistand, sie nennt ihn »den Mitwisser ihrer Geheimnisse«. Die Nonne Richardis von Stade dagegen leidet »in meinen Leiden mit mir«[27]. Menschlichen Trost findet Hildegard stärker in der jungen Frau. Das begründet eine »liebende Freundschaft«, die zu groß wird, um eines Tages nicht enttäuscht zu werden.

Fünf Jahre schon hat sich Hildegard abgemüht, Seite um Seite ihre Visionen niederzuschreiben. Aber noch immer »ruft« sie nicht, die Welt draußen kann die Prophetin nicht hören. Stumm sitzt die Nonne in der stillen Klosterzelle.

Dann aber macht sie einen mutigen Schritt hinaus in die Welt. Sie richtet an Bernhard von Clairvaux ein Schreiben, schildert darin die Art ihrer Schau und erbittet das Urteil des Mannes, der unangefochten und unerbittlich die kirchliche Autorität verkörpert.

Der Zisterzienserabt, acht Jahre älter als Hildegard, gilt als »Wachhund der Christenheit«. Er ist einer der einflußreichsten Männer in Europa, als Vermittler in Glaubensstreitigkeiten geschätzt, Ratgeber von Kaisern und Päpsten. Er hat gegen Petrus Abaelardus gekämpft, bis dieser wegen seiner aufsässigen Lehren zur Klosterhaft verurteilt war.

Bernhard von Clairvaux bereist im Jahre 1146 das Rheinland. Ein fester Kern von acht bis zehn Männern – unter ihnen ein Sekretär, ein Bischof, ein Hochschullehrer, zwei Äbte und ein Mönch – begleitet ihn. Sein Troß organisiert die Reiseroute und verbreitet den Ruhm seiner Wundertaten. Taube und Blinde, Krüppel und Menschen, die an der Fallsucht leiden, schleppen sich zu den Straßen, die Bernhard entlangkommen wird. Auf Bahren und Karren lassen sich die wohlhabenden Kranken dorthin bringen, wo der Franzose predigt. »Was in der ganzen Gegend um Frankfurt krank war, schaffte man zu ihm; und der Zustrom war so gewaltig, daß König Konrad III. einmal, des herandrängenden Volkes nicht mehr Meister, seinen Mantel wegwarf, den Heiligen auf die eigenen Arme hob und aus der Basilika forttrug.«[28]

Bernhard von Clairvaux ruft auf seiner Reise im Auftrag des Papstes die Gläubigen zum zweiten Kreuzzug auf, gegen den Konrad III. sich noch sträubt. Der deutsche König will erst seine Fürsten auf dem Reichstag in Speyer befragen. Während einer Messe im Speyerer Dom, am 27. Dezember 1146, taucht Bernhard unerwartet in der Kirche auf und wendet sich vor dem versammelten Volk direkt an den König. Er hält ihm das Jüngste Gericht vor Augen und schmeichelt gleichzeitig seiner Stärke. So geschickt spricht der Abt von Clairvaux, daß Konrad »mitten während der Ausführung Bernhards unter Tränen rief: Ich erkenne Gottes Gnadengeschenk... ich bin bereit ihm zu dienen, wann immer er mich ruft.«[29] Der Dom hallt

wider vom Jubel der Menge. Bernhard selbst drückt dem König das Kreuzzugsbanner in die Hand, »daß er es im Heere des Herrn persönlich trage«.
Anwesend ist auch der Neffe des Königs, Friedrich von Schwaben, der spätere Kaiser Barbarossa. Für Konrad III. wird der zweite Kreuzzug, in den Bernhard ihn treibt, ein Weg in den Untergang sein.

Hildegard schreibt an Bernhard von Clairvaux, diesen »ungekrönten Papst«, weil sie dringend eine Bestätigung braucht. Die Niederschrift ihrer Visionen verschlingt wahrscheinlich so viel Kraft und Zeit, daß sie nur weitermachen und durchhalten kann, wenn sie sicher ist, daß sie nicht irrt. Wenn sie weiß, daß sie irgendwann laut sprechen darf.
Sie ahnt selbst, wie nahe Wunder oder Wahn beieinanderliegen. Schnell werden Frauen magische Kräfte zugeschrieben, ihre tiefe, gefühlsbetonte Frömmigkeit kann eine göttliche, aber auch gefährliche Gabe sein. Heilige oder Häretikerin? Schmal ist der Grat dazwischen, und die Angst vor falschen Propheten und Prophetinnen ist groß. Hildegard geht ein großes Risiko ein, als sie Bernhards Urteil erbittet, denn seine Verurteilung würde sie für immer zum Verstummen bringen.

»Sage und schreibe, was du siehst und hörst.«

Hildegard kann als Frau in der katholischen Kirche nie ein Lehramt bekleiden, als Äbtissin darf sie nur ihre Mitschwestern unterweisen. Während ihr Zeitgenosse, der Mystiker Rupert von Deutz, als Priester auch lehren und predigen darf und so seine Auslegung der Heiligen Schrift verbreitet, braucht sie als Frau eine ganz andere Legitimation. Um Lehrerin und Predigerin der Kirche zu sein, reicht es nicht, sich von Gott auserwählt zu wissen. Sie muß auch von dieser Welt anerkannt sein.
Um den Jahreswechsel 1146/1147 macht Hildegard deshalb mit ihrem sehr persönlichen und flehenden Brief an Bernhard von Clairvaux den ersten Schritt in die Öffentlichkeit. Die unter-

würfigen, in ihrer Zeit üblichen Redewendungen überdecken nicht die neue Sicherheit, die sie durch die Arbeit an dem Werk »Scivias« gewonnen hat.

»Verehrungswürdiger Vater Bernhard, wunderbar stehst du da in hohen Ehren aus Gottes Kraft. Schreckenerregend bist du für die unziemliche Torheit dieser Welt. Mit dem Banner des heiligen Kreuzes fängst du voll hohen Eifers in brennender Liebe zum Gottessohn die Menschen, damit sie im Christenheer Krieg führen wider die Wut der Heiden. Ich bitte dich, Vater, beim lebendigen Gott, höre mich, da ich dich frage.
Ich bin gar sehr bekümmert ob dieser Schau, die sich mir im Geiste als Mysterium auftat. Niemals schaute ich sie mit den äußeren Augen des Fleisches. Ich, erbärmlich und mehr als erbärmlich in meinem Sein als Frau, schaute ich von meiner Kindheit an große Wunderdinge, die meine Zunge nicht aussprechen könnte, wenn nicht Gottes Geist mich lehrte zu glauben.
Milder Vater, du bist so sicher, antworte mir in deiner Güte, mir, deiner unwürdigen Dienerin, die ich von Kindheit an niemals in Sicherheit lebte...
Ich weiß nämlich im Text den Sinn der Auslegung des Psalters, des Evangeliums und der anderen Bücher, der mir durch diese Schau gezeigt wird. Wie eine verzehrende Flamme rührt sie mir an Herz und Seele und lehrt mich die Tiefen der Auslegung...
Ich sah dich vor mehr als zwei Jahren in dieser Schau als einen Menschen, der in die Sonne blickt und sich nicht fürchtet, sondern sehr kühn ist. Und ich habe geweint, weil ich so sehr erröte und so zaghaft bin.
Gütiger Vater, mildester, ich bin in deine Seele hineingelegt, damit du mir durch dein Wort enthüllst, ob du willst, daß ich dies offen sage oder Schweigen bewahren soll. Denn große Mühe habe ich in dieser Schau, inwieweit ich das, was ich gesehen und gehört habe, sagen darf. Ja bisweilen werde ich – weil ich schweige – von dieser Schau mit schweren Krank-

heiten aufs Lager niedergeworfen, so daß ich mich nicht aufrichten kann...
Nun aber erhebe ich mich und eile zu dir... Du bist der Adler, der in die Sonne blickt...«[30]

Die Antwort des Bernhard von Clairvaux ist ruhig und sachlich, klug und ausgewogen. Er kennt aus eigener Erfahrung die Tiefen und Höhen mystischer Erlebnisse, die in seiner weitverbreiteten Auslegung des »Hohen Liedes« gipfeln. Er ist ein extremer Mensch, der fastet, wacht und sich auspeitscht, um Buße zu tun und Gott nahe zu sein. Achtung vor Hildegards so anderer Art schwingt in seinem Brief mit. Der Abt umgeht eine eindeutige Stellungnahme, aber er verurteilt Hildegard nicht.

»Für die in Christo geliebte Tochter Hildegard betet Bruder Bernhard, genannt Abt von Clairvaux, wenn das Gebet eines Sünders etwas vermag.
Da du von unserer Wenigkeit weit anders zu denken scheinst, als unser Gewissen sich selbst einschätzt, so glauben wir dies einzig deiner Demut beimessen zu sollen. Doch habe ich keineswegs übersehen, den Brief deiner Liebe zu erwidern, obwohl die Menge der Geschäfte mich zwingt, es kürzer zu tun, als ich gerne möchte. Wir freuen uns mit dir über die Gnade Gottes, die in dir ist. Und was uns angeht, so ermahnen und beschwören wir dich, daß du sie als Gnade erachtest und ihr mit der ganzen Liebeskraft der Demut und Hingabe entsprichst. Du weißt ja, daß »Gott den Stolzen widersteht, den Demütigen hingegen Gnade gibt.« Im übrigen, was sollen wir noch lehren oder ermahnen, wo schon eine innere Unterweisung besteht und eine Salbung über alles belehrt? Vielmehr bitten und verlangen wir inständig, daß du unser bei Gott gedenkest und auch derer, die uns in geistlicher Gemeinschaft in Gott verbunden sind.«[31]

Hildegard liest die vorsichtige Ermutigung aus dem Brief heraus: Bernhard von Clairvaux bestätigt ihre »innere Unterweisung«. Das ist viel, weil es von diesem kompromißlosen

Streiter kommt, und das ermutigt auch Abt Kuno, den nächsten Schritt zu tun. Ab 1147 wird die kirchliche Anerkennung von Hildegards Schriften zielstrebig betrieben.
Der Vorsteher des Disibodenbergs überbringt dem Erzbischof von Mainz die Schriften der Nonne, »weil ihm das eigene Urteil nicht genügte.«[32] Erzbischof Heinrich soll Hildegards Texte einsehen und ihre Sehergabe prüfen lassen. Ende des Jahres gibt es eine günstige Gelegenheit: Nur wenige Monate nachdem das Schreiben Bernhards in Hildegards Kloster eingetroffen ist, findet in Trier eine Synode statt. Nicht nur der Abt von Clairvaux, auch Papst Eugen III. höchstpersönlich werden anwesend sein.
Schicksal, göttliche Fügung oder kluge Diplomatie – gleichgültig, wie man die Ereignisse einschätzt: Der Zeitpunkt von Hildegards Brief an Bernhard von Clairvaux war sehr geschickt gewählt. Die Antwort Bernhards erlaubt Abt Kuno ein ganz anderes Auftreten beim Mainzer Erzbischof. Und dieser wiederum kann sich auf der Synode auf den Brief berufen.

Die Trierer Synode dauert zwölf Wochen, in denen die Kirche schamlos Pomp, Prunk und Pracht zur Schau stellt, während zur gleichen Zeit Wanderprediger wie Nobert von Xanten in grauen Kutten und ohne Schuhe auf einem Esel durch die Lande reiten und das neue Evangelium der Armut verkünden und vorleben. Der Trierer Erzbischof Albero dagegen beschenkt seine Gäste so reich, »daß jene selbst bekannten, der Wohlstand sei mit gefülltem Horn zu ihnen gekommen.«[33] Am Weihnachtsfest des Jahres 1147 reiten die Kardinäle und Bischöfe auf weißbedeckten Rössern zur Pauluskirche, der Papst folgt ihnen auf seinem Pferd. An den feierlichen Gottesdienst schließt sich ein üppiges Festbankett an, bei dem sich der Papst und Albero von Trier in vollem Ornat gegenübersitzen, umrahmt von ihrer Gefolgschaft. »Welcher Rechenkünstler könnte berechnen, wieviel das gekostet hat?« fragt staunend und naiv der Biograph des Erzbischofs.
Die Synode entsendet eine Kommission zum Disibodenberg, Bernhard von Clairvaux ist – aus welchen Gründen auch immer

– nicht dabei. Die Abordnung, die der Bischof von Verdun anführt, soll Hildegards Sehergabe »erforschen«, aber »ohne Aufsehen und Erregung der Neugierde«. Tief sitzt die Furcht, einer gutgemeinten, aber harmlosen Täuschung zu erliegen oder einer Hysterikerin aufzusitzen. Hildegard gibt den Herren auf alle Fragen »einfach und schlicht Auskunft«. Die Abordnung reitet nach Trier zurück, im Gepäck gebundene Pergamentblätter, die ersten Texte des Buches »Wisse die Wege«.

Die Geistlichen unterbreiten der Synode einen positiven Bericht und legen Eugen III. die Schriften der Nonne vor. Der Papst hält sie »mit eigenen Händen« und liest selbst daraus vor. Danach ruft er »die Herzen aller zum Lob des Schöpfers und zur jubelnden Mitfreude auf.« Auch Bernhard ergreift das Wort und bestärkt Eugen III., den ersten Zisterzienserpapst, »er möge nicht dulden, daß ein solch hellstrahlendes Licht von Schweigen überdeckt würde; er solle vielmehr eine solche Begnadung, die der Herr in seiner Zeit offenbaren wolle, durch seine Autorität bestätigen.«[34]

Das Schreiben, das der Papst an Hildegard sendet, ist nicht erhalten, doch er gebietet ihr, »das, was ich in der Schau hörte und sah, genau aufzuschreiben.«[35] Damit sind ihre Visionen als »Privatoffenbarungen« anerkannt. Das Urteil der Synode macht aus Hildegard eine anerkannte Prophetin, sie darf nun von Amts wegen schreiben. Und diese Nachricht tragen die Bischöfe und Kardinäle weiter, die aus ganz Europa angereist sind.

Hildegard beschreibt sich immer wieder als ein Instrument Gottes: Eine Posaune ist sie, durch die ein anderer bläst. Eine Zither, deren Saiten ein anderer zum Schwingen bringt. Dabei vergißt sie nie, daß sie nur ein Mensch ist:

»Das Himmlische sollen sie dem überlassen, der himmlisch ist, weil sie selbst Verbannte sind, die das Himmlische nicht kennen... Den Panzer des Glaubens sollen sie anlegen, mild, sanft, arm und verachtet sein, wie jenes Lamm es war, dessen Posaunenton sie sind, von Kindeseinfalt in ihrem Gehabe...«[36]

Hildegard verkündet ihrer Kirche das Wort Gottes. Sie legt die »gewaltigen Bücher« neu aus, weil diese durch »schlimme Trägheit und Überdruß in Verfall geraten und das Lebensbrot der göttlichen Schriften schal geworden ist.«[37] Das Urteil des Papstes bestätigt, daß sich Hildegards Schriften im Rahmen der katholischen Lehre bewegen. Was sie aufschreibt, kann, aber muß nicht jeder Katholik glauben.
Nachdem die Äbtissin einen weiteren, vermutlich den zweiten Teil ihres Buches »Wisse die Wege« fertiggestellt hat, schickt sie Papst Eugen III. eine Abschrift mit folgendem Begleitbrief:

»O strahlender Vater, als Papst kamst du in unser Land, wie Gott es vorher bestimmt hat, und nahmst Einsicht in die Schriften der wahrhaftigen Gesichte, wie das lebendige Licht mich gelehrt hat. Du hörtest sie und nahmst sie in dein Herz. Nun ist dieser Teil der Schrift beendet... meine Seele wünscht: das Licht vom Lichte leuchte in dir, erschließe dir reine Augen und mache deinen Geist wach für dieses Schriftwerk, damit deine Seele, wie es Gott gefällt, darob gekrönt werde. Denn viele irdische Kluge verwerfen sie in der Unbeständigkeit ihres Geistes, weil sie von einem armen Gebilde stammt, das aus der Rippe erbaut und nicht von Philosophen belehrt worden ist. Du also, Vater der Pilger, höre den der IST: Ein mächtiger König thronte in seinem Palast. Hohe Säulen standen vor ihm, von goldenem Schmuckwerk umwunden und mit vielen Perlen und kostbaren Steinen herrlich geziert. Dem König aber gefiel es, eine kleine Feder zu berühren, daß sie in Wundern emporfliege. Und ein starker Wind trug sie, damit sie nicht sinke.
Nun spricht wiederum ER zu dir... Bestätige diese Schrift, damit sie denen zu Gehör gebracht wird, die für Mich offen sind... Hüte dich, diese Gottesgeheimnisse zu verachten. Denn sie sind notwendig mit jener Notwendigkeit, die noch verborgen ist und nicht offen erscheint.«[38]

Bereits sehr selbstbewußt tritt Hildegard in ihrer neuen Rolle

als Prophetin auf, auch wenn sie sich als »kleine Feder« bezeichnet. Ihre Autorenschaft ist zum Mittelpunkt ihres Lebens, das Schreiben für sie eine Lebensnotwendigkeit geworden.
Das prophetische Lehramt, das sie mit päpstlichem Segen ausübt, verleiht ihr jetzt die Autorität, in anderen Bereichen zu handeln, wie sie will. Hildegard ist keine Rebellin, aber sie schöpft ihren Handlungsspielraum bis an die Grenze aus. Sie wirft ihr neues Amt zum ersten Mal in die Waagschale, um sich vom Disibodenberg und aus der Vormundschaft des Abtes Kuno zu lösen. Ungeahnte Kräfte entwickelt sie im Sommer ihres Lebens:

»Der siebente Monat brennt in voller Sonnenglut und hat gewaltige Kräfte in sich. Er macht die Früchte der Erde reif und trocknet sie aus. Mit seinem zwischen Dürre und Regenfluten schwankenden Wetter ist er voll Leidenschaft. Auf eine ähnliche Weise sind auch die Gelenkverbindungen der Arme stark, und zwar durch die Schultern und Hände, mit denen der Mensch alle notwendigen Verrichtungen faßt und verbindlich festhält... So wählt der Mensch alles Notwendige für die Erhaltung seiner Natur aus... er bedenkt alle Lebenslagen so vorsorglich, wie sich auch die Früchte in diesem Monat auf ihren reifen Kern zusammenziehen.
Des Menschen Seele aber, dieser Geisthauch Gottes, hat einen leidenschaftlichen Weg vor sich. Auf ähnlich kraftvoller Bahn durchläuft auch die Weisheit den ganzen Umkreis des Himmels. Kraft der sieben Gaben des Heiligen Geistes und mit Hilfe seiner fünf Sinne beginnt der Mensch daher seinen Weg und vollendet mit ihnen sein Werk.«[39]

Die ehemalige Klause ist schon lange zu eng geworden. Und jetzt bitten noch mehr Töchter aus dem Adel um Aufnahme, weil sich Hildegards Ruhm, »der Wohlgeruch ihrer Heiligkeit«, verbreitet. Mit Abt Kuno hat Hildegard wohl bereits die

»Erloschene Sterne«, die in den Abgrund stürzen, künden vom Ende der Zeiten. ▶

beiden Möglichkeiten erörtert, anzubauen oder das Frauenkloster zu verlegen. Aber im selben Jahr, in dem sie als Prophetin anerkannt ist, entschließt sie sich, ganz neu zu beginnen. Ein eigenes und vom Disibodenberg unabhängiges Kloster will sie gründen. »In innerer Schau« gewahrt sie auch den Ort, zu dem sie mit ihren Nonnen ziehen soll. Es ist der Rupertsberg bei Bingen am Rhein.

Es hätte für die Prophetin und für den Menschen Hildegard kein passenderes Fleckchen Erde geben können. Ihr Kloster wird mitten im Zentrum mittelalterlichen Lebens stehen. Die alte Römerbrücke überspannt noch die Nahe, die bei Bingen in den Rhein mündet. Hier treffen die großen alten Handelswege aufeinander, die Köln und Mainz und Trier verbinden. Näher ist sie dann der Metropole Mainz, einem Zentrum der Reichspolitik, und näher der Ingelheimer Pfalz, wo die Kaiser hofhalten.

Von Wasser umschlossen und heilig wie der Disibodenberg ist auch der Hügel am Rhein. Dort liegen die Gebeine des heiligen Rupertus, der vor zweihundert Jahren gewirkt hat. Im Mittelalter bilden Lebende und Tote eine stärkere Gemeinschaft als heute. Heilige zu Heiligem, auch das erhöht damals. Dem Rheinland, dessen Natur und Pflanzen Hildegard liebt, bleibt sie treu, und auch die Landschaft, in der sie groß wurde, verläßt sie nicht. Und sie ist nahe bei ihrer Familie.

Hildegard ist fest überzeugt, daß ihr der Heilige Geist jene Stätte gezeigt hat. Doch hat diese Schau einen anderen Charakter als die Visionen in ihren Schriften. Wenn sie den Rupertsberg als Ort einer Klostergründung schaut, entspricht das ganz genau ihren Wünschen und Vorstellungen. Nur zu sagen, ich ziehe weg und gründe ein Kloster, ist unmöglich. Das harsche Nein des Abtes wäre ihr sicher. Aber einer »Weisung Gottes« kann er sich schwer widersetzen. Die Vision verwandelt sich in eine Waffe, mit der Hildegard für ihre Überzeugungen kämpft.

Auch in späteren Konflikten oder in ihren Briefen blickt sie bewußt »zum wahren Licht«[40], um Ratschläge zu erhalten oder Entscheidungen zu bestätigen. Diese eher zweckgerichteten

Der heilige Rupertus ist der Schutzpatron von Hildegards neuem Kloster. Er lebte im 9. Jahrhundert an der Nahemündung.

Visionen sind weniger tief und manchmal auch nur ein Abklatsch der großen Bilder, aus denen sie ihr Werk baut. Vielleicht sieht das auch der Abt des Disibodenbergs, denn er beugt sich keineswegs dem vermeintlich göttlichen Urteil. Verständlich ist seine Weigerung. Gerade noch hielt er ein Glückwunschschreiben des Papstes in Händen, daß diese Gottbegnadete hier wirkt, und jetzt will sie wegziehen. Nicht nur der Glanz ihres Sehertums, der auf das Kloster ausstrahlt, würde schwinden. Auch die Früchte des zukünftigen Ruhmes würden nur ihr gehören: die Pilger und Ratsuchenden, die Spenden und Schenkungen der Gläubigen. Und wie dieser Rupertsberg aussieht, verwildert, unwirtlich, keine Stätte für Frauen und eine kränkelnde Äbtissin. Außerdem hat Hildegard gelobt, hier bis an ihr Lebensende auszuharren. Hier wuchs sie auf, hier wurde sie erzogen. Hier stand Magister

Volmar ihr zur Seite, als sie ihre Schrift begonnen hat. Nun zeigt sie sich undankbar. Abt Kuno verlangt – vielleicht gestützt auf das Kirchenrecht –, daß sie auf dem Disibodenberg bleibt. Mit ihm spricht der ganze Konvent ein entschiedenes Nein zu den Plänen der Nonne.

Der harte Widerstand trifft Hildegard unerwartet. Sie ist in einem unlösbaren Konflikt: Gehorcht sie der Vision, verweigert sie dem Abt den Gehorsam, den er erwartet. Gehorcht sie dem Abt, verstößt sie gegen Gottes Wille. Sie erkrankt. Abt Kuno, der Hildegard aufsucht, findet sie unbeweglich im Bett. Er schafft es nicht, ihren Kopf zu heben oder auf eine Seite zu drehen. »Wie ein Felsblock« liegt sie da. In dieser lähmenden Situation ist sie tatsächlich »wie gelähmt«.

Wie immer die körperlich-seelische Reaktion Hildegards erscheint, als hysterisch oder depressiv, als weibliche List oder hilfloser Zusammenbruch – sie ist nachvollziehbar. Äußerlich erinnert ihre Krankheit an das Bild, das sie einmal von Propheten gezeichnet hat:

»Eine gewisse Härte lag in ihrem Wesen, gleich der Festigkeit des Marmors, da sie, durchdrungen vom Heiligen Geiste, niemandem nachgaben, vielmehr auf die Unteilbarkeit der Wahrheit beharrten... Auf diese Weise verhielten sie sich wie Felsengestein, das in seiner Härte überdauert und keinem weicht.«[41]

Auch Hildegard ist zum unverrückbaren Felsen geworden. Deutlicher kann sie kaum ausdrücken, wie entschlossen sie ist, von ihrem Entschluß nicht zu lassen. Und tatsächlich findet sie einen Weg, ihren Willen durchzusetzen, ohne Abt Kuno den Gehorsam zu verwehren.

Vom Krankenlager aus gewinnt sie die einflußreiche Markgräfin von Stade, die Mutter ihrer Helferin Richardis, für das Projekt. Die Adlige spricht im Namen Hildegards beim Mainzer Erzbischof Heinrich vor, der die Angelegenheit seinem Domkapitel vorträgt. Das Ergebnis dieses geschickten Schachzuges: Heinrich schreibt an Hildegard und erlaubt ihr, auf den

Rupertsberg überzusiedeln, »denn nicht durch natürliche Vorzüge, sondern durch gute Taten wird ein Ort geweiht.«[42] Der Oberhirte weist den ihm untergebenen Abt Kuno an, die Frauen ziehen zu lassen.

Sofort erwirbt Hildegard – wahrscheinlich erneut durch die Vermittlung der Markgräfin von Stade – den Rupertsberg mit einer kleinen Kirche für 20 Mark von einem gräflichen Besitzer. Die Mainzer Kirche überläßt ihr die umliegenden Weinberge. Um keine Zeit zu verlieren, veranlaßt sie vom Krankenlager aus die ersten Rodungs- und Bauarbeiten.

Auf dem Disibodenberg ist der Widerstand aber noch immer nicht gebrochen. Jetzt vernimmt Hildegard die gewaltige Stimme Gottes, die ihr verbietet, »weiterhin an diesem Ort etwas über die Vision zu sagen und zu schreiben«.[43] Der Druck auf den Abt erhöht sich. Wer will schuld daran sein, daß diese Frau verstummt, die der Papst gerade als Prophetin anerkannt hat?

Ein Mönch, Arnold mit Namen, hetzt andere Mitbrüder weiter gegen Hildegards Plan auf. »Als er sich auf einem Landgut der Kirche befand, wurde sein Körper plötzlich so heftig geschüttelt, daß er zu sterben glaubte, und seine Zunge schwoll so stark an, daß sein Mund sie nicht fassen konnte. Er verlangte durch Zeichen ... zur Kirche von St. Rupert gebracht zu werden.« Als der Mönch dort gelobt, sich nicht weiter gegen Hildegards Pläne zu stellen, gesundet er. Bekehrt hilft er »bei der Herrichtung der Wohnungen. Eigenhändig rodete er die Weinstöcke aus, wo Gebäude zur Aufnahme der Nonnen gebaut werden sollten.«[44]

Als Abt Kuno von dem Wunder hört, liegt Hildegard immer noch »wie ein Felsblock« danieder. Sie bleibt hart. Das sei kein menschliches Leben mehr, glauben nun viele Brüder, sondern eine »göttliche Strafe«, weil sie in der Erfüllung der göttlichen Schau säumig sei. Diesen deutlichen Zeichen kann sich der Konvent nicht mehr verschließen. Nach zwei Jahren erbitterten Streitens ist Kunos Widerstand gebrochen. Der Abt tritt zu der Schwerkranken ans Lager und bittet, »sie möge im Namen des Herrn aufstehen und zu der Wohnung ziehen, die ihr vom

Himmel bestimmt sei. Kaum war das Wort gesagt, erhob sie sich schnell, als hätte sie nach so langer Zeit an keiner Schwäche mehr gelitten. Da ergriff alle Anwesenden Staunen und Bewunderung.«[45]

Abt Kuno segnet sicher die Frauen, die nun packen und wegziehen. Ein letztes Mal kniet Hildegard vielleicht in der Marienkapelle vor dem Grab ihrer Lehrmeisterin Jutta nieder. Im Jahre 1150 verläßt sie den Ort, wo sie vor neun Jahren ihre Schrift »Wisse die Wege« begonnen hat. Mit zwanzig Nonnen reitet die Äbtissin den Klosterpfad hinunter. Naheabwärts führt der Weg, den Fluß säumen dunkle Erlenbüsche. Die ersten Häuser von Bingen tauchen auf. Aus einem verborgenen wird ein öffentliches Leben.

Hildegard hat bereits die Fünfzig überschritten, ein Alter, das die meisten ihrer Zeitgenossinnen nie erreichen. Doch sie beschreitet als Äbtissin und Klostergründerin einen »leidenschaftlichen Weg« in die Selbständigkeit. Lebenszenith, die Sonne steht am höchsten:

»Der achte Monat kommt in voller Kraft herauf, einem mächtigen Fürsten gleich, der sein ganzes Reich in der Fülle der Macht beherrscht. Daher strahlt die Freude aus ihm... Die Eigenschaften dieses Monats zeigen sich in den Händen des Menschen, die jedes Werk verrichten und die Macht des ganzen Leibes in sich vereinigen und speichern...

Was die menschliche Seele angeht, so zeigt sie eine kämpferische Existenz. Aus ihrem großen Heilsverlangen heraus überwindet sie die ungebührlichen Gelüste des Menschen und dringt hart auf ihn ein. Auf einem leidenschaftlichen Wege vollendet sie ihren Umlauf und läuft vom ersten Augenblick ihres Kampfes an auf den allerhöchsten Gott zu... Wenn sie siegt, jauchzt sie auf wie ein Kämpfer.«[46]

Ich schaute und sah

*Die erste Visionsschrift »Wisse die Wege«,
die Komponistin Hildegard*

Hildegard ist nun ganz sicher: die Stimme, die sie hört, kommt von Gott. Auf dem Disibodenberg hat sie ihr Werk begonnen, auf dem Rupertsberg wird sie es beenden. Fest zusammengeschnürt sind die Pergamentblätter, neun Jahre Arbeit nimmt sie mit in das neue Frauenkloster. Aufgeschrieben hat sie die erste Schau schon lange, worin der »Leuchtende« auf dem eisenfarbenen Berg thront und von Hildegard mit »starker durchdringender Stimme« verlangt: »Rufe und sage, wie man in die Erlösung, die alles wiederherstellt, eingeht«.[1] Und genau diesen Weg zum Heil schildert die Nonne in ihrer ersten Visionsschrift »*Scivias* – Wisse die Wege«, damit alle diesen Weg gehen können.

Hildegards Glaubenskunde ist eine pralle Bilderrede. Die Geschichte der Sünde und ihrer Folgen erzählt sie im ersten Teil, der aus sechs Visionsbildern besteht. Nach dem Engelsturz, der Erschaffung Adams und Evas und dem Sündenfall sieht Hildegard den Kosmos, der in Aufruhr ist. Der Mensch allein ist ein Rebell und liegt quer zur Schöpfung. Die Seele eines einzelnen Menschen gerät in Versuchung, ein dramatischer Kampf, den wohl auch sie durchlebt hat. Aber der Mensch hat den Willen und die Vernunft, er kann Gut und Böse erkennen, das unterscheidet ihn von den Tieren. Doch weder die Engel noch die jüdische Kirche, versinnbildlicht durch die Gestalt der Synagoge, konnten ihn erlösen.

Dann endlich kündigt sich das Kommen des Erlösers an, der sein »feuriges Werk« beginnt. Gottvater sendet seinen Sohn als Mensch in die sündige Welt. Hildegard begreift die Dreieinigkeit Gottes (siehe Textauszug Seite 86f.) und beschreibt die Rolle der katholischen Kirche, die das Erlösungswerk fort-

Der »Eifer Gottes« rächt die Taten der Menschen, die Gottes Gebote übertreten. Hildegard schildert ihn als feuerloderndes Antlitz mit drei Flügeln.

setzt. Das zweite Buch endet in der siebten Vision mit einer drastischen Darstellung des Satans, des »Widersachers«, der die Menschen immer wieder zu Fall bringt:

»Der Wurm war schwarz, stachelig, voll von Geschwüren und Blattern, zwischen denen sich fünf verschiedenfarbige Streifen vom Kopf über den Leib bis zu den Füßen zogen. Einer davon erschien grün, ein anderer weiß, ein dritter rot, ein vierter gelb, der fünfte schwarz. Alle waren tödlicher Gifte voll. Aber das Haupt des Untiers war zerschmettert, und schon begann seine linke Wange sich aufzulösen. Seine Augen, außen blutunterlaufen, glühten innen wie Feuer. Seine Ohren waren rund und stachelig. Nase und Rachen glichen denen einer Viper. Hände hat es wie ein Mensch, Füße wie eine Viper und einen kurzen grauenerregenden Schwanz. Eine Kette war um seinen Nacken geschlungen. Sie umwand zugleich Hände und Füße und fesselte das Ungeheuer mit solcher Macht an den Felsen des Abgrundes, daß es sich nicht nach seinem eigenen gottlosen Willen, weder nach der einen noch nach der anderen Seite hin, zu bewegen vermochte.«[2]

Die Seherin entrollt dann im dritten Buch vor den Augen der Leser in dreizehn Bildern die Heilsgeschichte, von der Menschwerdung des Gottessohnes bis zum Ende der Zeiten und dem Jüngsten Gericht. Den Lehmklumpen Mensch trägt Gott jetzt in seinem Herzen. Ein »Gebäude des Heils« wird errichtet nach einem regelrechten Bauplan. Hildegard sieht Türme und Mauern, Treppen und Tempel, in denen alle Tugend- und Gotteskräfte Platz haben. Am Ende ist die Gottesstadt mit dem thronenden Schöpfergott erbaut, und das »Hohelied« der Gnade ertönt.

In dem Gebäude des Heils, auf der »Säule der Menschheit des Erlösers« schaut Hildegard auch »die Demut«. Wie oft hat sie in den vergangenen Jahrzehnten das 7. Kapitel der Benediktsregel gelesen, das »von der Demut« handelt! Schön ist die *humilitas*, eine Gestalt, die »auf ihrem Haupte eine goldene, von drei Zacken überragte Krone (trägt), die in reichem Schmucke grüner und roter Edelsteine und weißer Perlen funkelte. Auf ihrer Brust wurde in einem helleuchtenden Spiegel in wunderbarer Klarheit das Bild des menschgewordenen Gottessohnes sichtbar. Sie sprach: »Wer mich nachahmen will... schaue zuerst auf die Niedrigkeit des Fleisches, und dann schreite er stufenweise empor von Tugend zu Tugend, mit sanfter ruhiger Seele. Denn wer beim Erklettern eines Baumes zuerst nach dem höchsten Zweige greift, der wird zumeist in plötzlichem Sturze fallen. Wer aber bei den Wurzeln aufzusteigen beginnt, der kommt nicht leicht zu Fall, wenn er Schritt für Schritt vorsichtig weitergeht.«[3]

Die Bilder, die Hildegard als Visionen schaut, beschreibt sie in jeder Einzelheit in Zahl, Maß und Gewicht, Form und Farbe.

Des zweiten Buches zweite Schau:
Der Urquell des Lebens

Aus der Visionsschrift »Wisse die Wege«

»Alsdann sah ich ein überhelles Licht und darin eine saphirblaue Menschengestalt, die durch und durch im sanften Rot funkelnder Lohe brannte. Das helle Licht durchflutete ganz die funkelnde Lohe und die funkelnde Lohe ganz das helle Licht. Und (beide), das helle Licht und die funkelnde Lohe durchfluteten ganz die Menschengestalt, (alle drei) als ein Licht wesend in *einer* Kraft und Macht.

Wiederum hörte ich, wie dieses lebendige Licht zu mir sprach: Das ist der Sinn der Geheimnisse Gottes, daß klar erschaut und erkannt werde, welches die Fülle sei, die ohne Ursprung ist, der nichts abgeht, deren mächtigster Kraft alle Rinnsale der Starken entquillen. *Deshalb siehst du ein überhelles Licht...* Makellos, ohne Abstrich und Minderung und Täuschung sinnbildet es den Vater. *Und darin eine saphirblaue Menschengestalt.* Makellos, ohne Härte des Neides und der Bosheit, zeichnet sie den Sohn, der seiner Gottheit nach vor aller Zeit von dem Vater gezeugt, seiner Menschheit nach in der Zeit zur Welt geboren wurde... *Daß aber das helle Licht ganz die funkelnde Lohe und die funkelnde Lohe ganz das helle Licht, und daß (beide), das helle Licht und die funkelnde Lohe ganz die Menschengestalt durchfluten, (alle drei) als ein Licht wesend in einer Kraft und Macht,* das bedeutet, daß der Vater, die gerechteste Gerechtigkeit, nicht ohne den Sohn und den Heiligen Geist, daß der Heilige Geist, der Herzensanzünder, nicht ohne den Vater und den Sohn, und daß der Sohn, die Fülle aller Fruchtbarkeit, nicht ohne den Vater und den Heiligen Geist ist... Untrennbar lebt die eine Gottheit in diesen drei Personen, denn die Gottheit kann nicht gespalten werden... Auch im Worte kann man drei Dinge unterscheiden, in denen die Dreiheit in der Einen Gottheit schaubar wird... Der Schall bewirkt, daß das Wort gehört wird, die Prägung, daß es verstanden wird, der Hauch trägt es seinem Ziele zu. Im Schalle erkenne den Vater, der mit unsagbarer Macht alles weithin offenbart, in der Prägung den Sohn, der wundersam gezeugt ist, im Hauche den Heiligen Geist, der milde in ihnen brennt...«[4]

Der silberne Strom, der eine eher weiblich wirkende Gottgestalt umfließt, bildet aus der Dreiheit die Einheit.

Unmittelbar und klar sind die Farben, die sie sieht, elementar, nichts ist verwischt, alles abgegrenzt. Ursprünglich ist »Scivias« keine »bebilderte« Schrift, auch deshalb muß Hildegard mit Worten die Bilder erschaffen. Erst 20 Jahre später werden die schönen Miniaturen entstehen (siehe Seite 126). Jedes große Bild, jede Schau dieser Glaubenskunde, ist aus einzelnen Bildelementen zusammengesetzt. Nachdem Hildegard die »Oberfläche« beschrieben hat, bleibt das Ganze immer noch unverständlich. Deshalb durchwandert sie – in einem zweiten Schritt – nochmals das ganze Bild, ein Vorgehen, das sie in allen drei Visionsschriften anwendet. Die »von Himmel zu der Seherin sprechende Stimme« deutet jetzt alle bildlichen Symbole: Die Anordnung der Bildteile, die Farben und Formen der Gebäude, das Aussehen der Figuren, ihre Bewegungen und Reden. Hildegard hört also in ihrer Vision auch die göttliche Erklärung des Geschauten.

Hildegard lehrt durch ihr Buch den christlichen Glauben, aus dessen Symbolwelt ihre Bilder stammen. Doch welche Bilder sie aus den biblischen Schriften oder anderen Werken übernommen hat und welche Teile dieses Bilderalphabets ihre ureigensten Schöpfungen sind, diese Forschung steht noch ganz am Anfang.

Jede dieser Lehrvisionen beginnt mit »Ich. Aber dieses Ich ist wie eine Tür, durch die ein anderer hereintritt«, kommentiert ihre Übersetzerin Maura Böckeler. »Wenn Er (Gott) da ist, weiß man von der Tür nichts mehr. Er schreitet durch sie hindurch auf die hörenden, gläubigen Menschen zu.«[5]

Das Buch »Wisse die Wege« ist das berühmteste Werk Hildegards, heute und damals. Unter ihren Werken ist es am besten dokumentiert: Zehn Handschriften sind erhalten, sechs stammen aus dem 12. Jahrhundert.

Nachdem die Nonne durch das erste Visionsbuch »Scivias« bekannt wird, wollen immer mehr Menschen wissen, wie sie zu den Bildern oder die Bilder zu ihr finden. Schon der Kommission der Synode stand sie Rede und Antwort. Doch sie muß es immer wieder erklären, und ihre Erläuterungen werden immer klarer:

»Ich sehe die Dinge nicht mit den äußeren Augen und höre sie nicht mit den äußeren Ohren, auch nehme ich sie nicht mit den Gedanken meines Herzens wahr noch durch irgendwelche Vermittlung meiner fünf Sinne. Ich sehe vielmehr einzig in meiner Seele, mit offenen leiblichen Augen, so daß ich dabei niemals die Bewußtlosigkeit einer Ekstase erleide, sondern wach schaue ich dies, bei Tag und Nacht.«[6]

Hildegard sieht nicht nur, sie hört auch mit der Seele. Am Ende der Schrift »Wisse die Wege« erklingt eine ganze himmlische Symphonie, Lob- und Freudengesänge, Wechselchöre der Gotteskräfte und aller »Himmelsbürger«. Vierzehn Gesänge, die sie später in Noten fassen wird, vernimmt sie hier zum ersten Mal. Hildegard schaut auch die Urfassung eines Singspiels, das sie zur Eröffnung der Abteikirche auf dem Rupertsberg ausarbeiten wird (siehe Seite 100f.). Vielleicht ist das, was sie in den Visionen ihres ersten großen Werkes »Wisse die Wege« hört, der wichtigste Anstoß für sie, selbst zu komponieren. Die meisten ihrer Gesänge wurden in den fünfziger Jahren niedergeschrieben. Damals sprach man bereits in Paris von den Kompositionen der Äbtissin.

Seit ihrem Eintritt in die Klause ist sie mit den Psalmengesängen und gregorianischen Melodien vertraut, die sie täglich hört und mitsingt. Und ihr Lehrer Volmar und die Meisterin Jutta haben sie auch musikalisch unterwiesen, einen systematischen Musikunterricht hat sie jedoch nie erhalten. Wenn sie selbst betont, daß sie »niemals Neumen (Noten) noch Gesang erlernt hatte«, wertet Hildegard einmal mehr die weltliche Bildung ab. Denn untrennbar mit der Visionärin und Prophetin Hildegard ist die Komponistin Hildegard verbunden. Ihre Musik entsteht – so erlebt sie es – in einem Schaffensprozeß, in dem auch eine göttliche Eingebung mitwirkt.

Im Heilsplan Gottes, wie sie ihn schaut, hat die Musik ihren festen Platz. Seit Adam sündigte, steht die Stimme der Menschen nicht mehr »im Einklang mit den Stimmen der lobsin-

Die Engel preisen Gott. In ihren Visionen hört Hildegard diese himmlische Musik.

genden Engel.« Doch durch die Musik, auf Instrumenten gespielt oder gesungen, halten die Menschen die Erinnerung an den Zustand vor dem Sündenfall wach, ihre »Seele ist symphonisch gestimmt«. Die Musik zeigt dem Teufel, »daß seine trügerischen Ränke vereitelt werden können.« Manchmal atmet der Mensch tief und seufzt, wenn er ein Lied hört. Er ahnt oder erinnert sich in diesem Augenblick, daß seine Seele »der himmlischen Harmonie entstammt« und »selbst etwas von dieser Musik in sich hat«.[7]

Jene »Stimmung«, die im Paradies herrschte, beschwört Hildegard in ihrer Musik. Deshalb nennt sie ihre Liedschöpfungen auch *symphoniae harmoniae caelestium revelationum*, »symphonische Harmonie der göttlichen Offenbarungen«. Symphonie bedeutet – so eine Erklärung ihrer Zeit – »geistige Wonne, die sich im Jubelklang der Stimmen und Instrumente ausdrückt.«[8]

Das Mittelalter begreift die Musik als eine Ganzheit aus drei Elementen: Die Harmonie der Instrumente, *musica instrumentorum*, wirkt zusammen mit der *musica humana*, dem Gesang, der eine Harmonie zwischen Leib und Seele verlangt. Aber die Musik ist immer auch eine *musica mundana*, eine

Weltenmusik, in der die Jahreszeiten, Elemente und Himmelssphären mitklingen. Diesen Teil der Musik nimmt der Mensch des Mittelalters sinnlich wahr. Er hört, was er fühlt, riecht und weiß. Wenn er sich in die Musik versenkt, ist er Teil des Kosmos, und Hildegard erlebt das sicher in besonderem Maße. Selbst die Instrumente tönen für sie nicht nur, wenn sie Gott loben. Der Harfenklang versinnbildlicht die »Unterwürfigkeit« und die Zithern »honigfließenden Gesang«, beide erinnern an die Propheten und Apostel. Die Pauke steht für die »Todeshingabe« der Märtyrer, die Flöte bedeutet »göttlichen Schutz«. Das »Saitenspiel« erinnert an die »Erlösung der Menschheit« und die Jungfrauen. Und die Zimbeln sind die »Bejahungen des göttlichen Lobes«, in denen die Tugendkräfte die Laster besiegen. Am Anfang jedes Gotteslobes aber tönt laut die Posaune:

»...im Schalle der Posaune, das heißt im Erkennen der Vernunft. Denn als der gefallene Engel mit seinen Anhängern ins Verderben stürzte, verharrten die Reihen der seeligen Geister durch ihr vernünftiges Erkennen in der Wahrheit und hingen Gott in treuer Hingabe an.«[9]

Hildegard nennt sich eine Posaune Gottes und sieht sich als Zither, deren Saiten Gott klingen läßt. Hier, in der letzten Vision des »Scivias«, gründen diese Vergleiche.

Das »tönende Werk« der Äbtissin umfaßt das Singspiel *Ordo virtutum* und 77 Gesänge, die überwiegend in zwei große überlieferte Handschriften Eingang fanden, die beide im Rupertsberger Skriptorium entstanden sind. Die Texte richten sich an Gott, Christus und den Heiligen Geist, an Maria und die Engel, an die Patriarchen und Propheten, an Heilige und Märtyrer. Hildegard schreibt Hymnen, Kehrverse (Antiphonen) und Antwortgesänge (Responsorien) für ihren Konvent, zum Teil sind ihre Kompositionen auch Auftragsarbeiten. »Diese Gesänge... werden öffentlich in der Kirche vorgetragen. Wer hat je ähnliches von einer Frau gehört?«[10]

Hildegard bewegt sich in den Grenzen und nach den Gesetzen der damaligen Kirchenmusik, der Spätgregorianik, die noch kein Dur und Moll, sondern acht verschiedene Modi kennt. Jeder der acht Töne bildet einen Behälter mit unterschiedlich gefärbten Mosaiksteinchen, aus denen jeder Komponist, jede Komponistin ein eigenes Klangbild zusammensetzt. Die musikalisch hochbegabte Nonne nutzt den über eine Oktave ausgeweiteten, größeren Tonumfang der Spätgregorianik besonders stark, sie liebt kühne Tonsprünge. Zwei, ja fast drei Oktaven hoch springen die Klänge, in großen Intervallen steigen die Töne auf. Denn hoch oben ist der Himmel und ihre Musik ist nur »ein Widerhall der himmlischen Harmonie«[11].

An den heiligen Rupertus

Jerusalem, du goldene Stadt,
geschmückt mit Königspurpur!
O Bauwerk du der höchsten Güte,
ein Licht bist du, das nie verdunkelt,
du strahlst im Morgenrot und in der Sonne Glut.

Denn du, edler Rupertus,
erstrahlst darin wie eine Gemme,
so kannst du nicht verborgen bleiben
den Menschen, die da töricht,
so wie der Berg vom Tal nicht wird verdeckt.

Es spielt und singt in dir der Heilige Geist,
da du den Engelchören bist geeint,
und weil im Sohne Gottes du gerüstet bist,
hast keine Makel du.

Bewohner von Jerusalem,
geschmückte und gekrönte,
und du Rupertus, Gefährte dieser Wohnstatt,
und Dienerinnen eilt zu Hilfe,
wir mühen uns gar sehr in der Verbannung.[12]

O Reis und Diadem im königlichen Purpur

Gründung und Aufbau des Klosters Rupertsberg, Konflikte mit den Nonnen, erkämpfte Selbständigkeit, prophetissa teutonica 1150–1158

Menschen säumen die letzte Wegstrecke zum Rupertsberg, einfache Bauern und Handwerker, der Adel aus der Nachbarschaft und der Klerus von Bingen. Die Schaulustigen beten oder singen und gehen den Nonnen entgegen. Segen wird Hildegard bringen, Ansehen für die Stadt und Arbeit für viele, das alles bedeutet die Klostergründung. Und deshalb empfangen »Freude und Jubel« Hildegard, die auf dem Rupertsberg Einzug hält, ihren Äbtissinnenstab in der Hand. Als sie »mit ihrer oder vielmehr mit Christi kleiner Herde die für sie bereitete Stätte bezog, pries sie frommen und freudigen Herzens die göttliche Weisheit, die alles fügte«.[1] Bald nach ihrer Ankunft kniet Hildegard vor den Reliquien des heiligen Rupert nieder und bittet in der notdürftig hergerichteten Rupertskapelle um Segen. Sie selbst schreibt später die Geschichte des Herzogsohns Rupert auf.

Als dreijähriger Halbwaise zog Rupert mit seiner Mutter Berta in eine kleine Siedlung, die im 9. Jahrhundert an der Nahemündung lag, dem heutigen Bingerbrück. Seine Mutter gründete dort eine Heimstatt für Kranke und Pilger. Nachdem der junge Rupert eine Wallfahrt nach Rom zu den Apostelgräbern unternommen hatte, setzte er sein ganzes Erbe ein, um eine Kirche nach der anderen zu bauen. Er starb mit nur zwanzig Jahren und wurde in der Kapelle seiner Burg bestattet. Seine Mutter und der Priester Wigbert lebten noch fünfundzwanzig Jahre »an seinem Grab« und machten – so die Legende – aus der Burg ein Kloster. Bald darauf verwüsteten einfallende Normannen die unbefestigte Siedlung, Rupert wurde langsam vergessen, nur Ruinen überdauerten die Zeit. Hildegard belebt durch ihre Klostergründung die Verehrung des heiligen Rupertus neu, dessen Heiligkeit nun auf sie ausstrahlt.

Die Hochstimmung der ersten Tage hält der Wirklichkeit nicht stand. Noch wird der Berg gerodet, und Gärten, Felder und Weinberge sind noch nicht angelegt, die großartige Klosteranlage ist nicht mehr als ein Entwurf, an der Abteikirche wird gebaut. Die Frauen leben in halbfertigen Häusern, sie haben »keinerlei Wohnung noch Bewohner mit Ausnahme eines alten Mannes, seiner Frau und seinen Kindern.«[2] Es fehlt an Naturalien und Geld, Arbeitsräumen und Personal, um »das Lebensnotwendige« zu sichern. Nur durch Almosen überlebt der Konvent.
Schmerzhaft spürt Hildegard, daß auch die Erträge der Ländereien, der Pachthöfe, Mühlen und Wälder fehlen, die den Frauen in der Klause ein sorgenfreies Leben ermöglicht hatten. Die Mönche des Disibodenbergs betrachten die alten Schenkungen an die Frauenklause als Eigentum der ganzen Abtei, denn schließlich haben die Nonnen jahrelang geistlichen Beistand erhalten und an den Gottesdiensten teilgenommen, und das Männerkloster hat ihnen auch Schutz vor Feinden geboten. Doch die Klosterbrüder sind nicht frei von Rach- und Eigensucht, wenn sie Hildegard die Hilfe verweigern. Wahrscheinlich verschärft auch der Vogt des Disibodenbergs den Konflikt. Dieser weltliche Verwalter hielt seit 1143 das Klostervermögen zusammen. Hildegard ist in diesem Punkt mit Abt Kunos Amtsführung nicht einverstanden, und seine Abhängigkeit vom Vogt empfindet sie als großes Ärgernis.
Ein Teil der Benediktinerinnen begehrt auf, weil sie die alte Bleibe zwischen Nahe und Glan vermissen. Not herrscht auf dem Rupertsberg, und viele Frauen leiden unter dem ungewohnt harten Leben. Die Verwandten, auch Hildegards eigene Familie, sind entsetzt, wie die Töchter hausen: »Was nützt es, daß adlige und reiche Nonnen von dem Ort, wo es ihnen an nichts gefehlt hat, wegziehen zu einer solchen Stätte des Mangels?«[3] Einige Schwestern verlassen den Konvent und führen danach ein »solch nachlässiges Leben, daß viele sagten, daß sie gegen den Heiligen Geist und gegen den Menschen, der aus dem Heiligen Geist sprach (das ist Hildegard), gesündigt hätten.«[4]

O Reis und Diadem im königlichen Purpur

Zwischen der Römerbrücke, die über die Nahe führt, und dem Mäuseturm am Bingener Loch liegt das von Hildegard gegründete Kloster Rupertsberg. Über fünfhundert Jahre blieb es von kriegerischen Auseinandersetzungen verschont; erst im Dreißigjährigen Krieg wurde es zerstört.

Noch siebenundzwanzig Jahre später nennt der Mönch Wibert von Gembloux, Hildegards letzter Sekretär, die Gründung der Abtei auf dem Rupertsberg »ein Wunder«, denn sie sei »nicht etwa von einem Kaiser oder Bischof, einem Mächtigen oder Reichen dieser Erde, sondern von einer armen, zugezogenen, schwachen Frau«[5] begonnen und zur Blüte gebracht worden. Diese Tat ist ohne Parallele im 12. Jahrhundert.

Ihr mutiger Schritt in die Selbständigkeit beschert Hildegard in den Anfangsjahren jedoch nur »Widerwärtigkeit, Trübsal und Arbeitslast«, eine Sturmwolke verdeckt die Sonne. Stimmt die Mutmaßung der Brüder vom Disibodenberg doch und dürre Luftgeister führten sie in die Irre, als sie den Rupertsberg in einem ihrer Gesichte als Ort für ihr Frauenkloster schaute? Hildegard zweifelt und weint:

»Tränen, die der Traurigkeit entsprungen sind, steigen wie mit einem bitteren Rauch zu den Augen auf... dörren das Blut des Menschen aus und schädigen sein Gewebe, wobei sie den Menschen wie eine verdorbene Mahlzeit herunterbringen können...«[6]

Doch dann erfährt Hildegard in einer Vision die Gewißheit, daß der Umzug gottgewollt ist: Auch als Moses die Kinder Israels aus Ägypten in die Wüste führte, murrten viele trotz göttlicher Zeichen. Und wie Moses muß auch sie leiden. So getröstet steht sie die Anfangsschwierigkeiten durch.

Inmitten der Gründungsturbulenzen, im Jahr 1151, vollendet Hildegard ihre erste große Visionsschrift »Scivias – Wisse die Wege«. Ein geistiger Kraftakt, den sie ohne die bewährten Helfer Richardis und Volmar nie durchgestanden hätte. Auch der Mönch ist Hildegard auf den Berg am Rheinstrom gefolgt und hat hier die letzten Seiten aufgeschrieben und korrigiert.
Das Buch, dessen Kopien in Klöstern und Palästen begehrt sind, macht Hildegard berühmt. Im Jahre 1152 bringt Papst Eugen III. in einem Brief an die »Vorsteherin von Sankt Rupert« seine Freude zum Ausdruck, »weil dein ehrenvoller Ruf sich so in die Weite und Breite ergießt«.[7]
Die Kunde verbreitet sich mit der Zeit im ganzen Land: Auf dem Rupertsberg lebt eine Prophetin. Reiche wollen jetzt ihre Toten im Schatten dieser Frau bestatten, Pilger suchen ihren Rat, Mächtige erbitten ihren Segen. Immer mehr Bischöfe und Priester, Adlige und Fürsten, Äbte, Äbtissinnen und Laien schreiben ihr und holen sich Rat. Philosophen suchen Hildegard auf und lassen sich den Ursprung ihrer Visionen erläutern, Ungläubige verlassen sie bekehrt. »Der ganze katholische Erdkreis« scheint in Bewegung, und sie ist wie ein Magnet, der alle anzieht. Hildegard lebt eine prophetische Existenz in einer zerrissenen Zeit. Ihre große Ausstrahlung gründet auch auf einer überzeugenden »Einheit von Leben und Lehre«[8].
Das Kloster blüht auf. Doch Hildegard ist es nicht vergönnt, Ruhe, innere Ruhe, zu finden. Zwei Töchter wollen schon im Jahre 1151 den Konvent verlassen und höhere Ämter übernehmen: Adelheid, eine Enkelin der Markgräfin von Stade, soll im Stift Gandersheim Äbtissin werden. Ein bindendes Gelübde hat die junge Frau, die als kleiner Zögling zu Hildegard

kam, noch nicht abgelegt. Wohl deshalb läßt die Meisterin sie ziehen. In einem Brief warnt Hildegard: »Berührst du die Eitelkeit der Welt, so eilt Er umsonst zu dir.«[9] Eitelkeit und Standesdünkel sind nach Meinung der Klosterfrau die Gründe, aus denen auch Richardis den Rupertsberg verlassen will. Ihre Mutter, die Markgräfin von Stade, und ihr Bruder, der Erzbischof von Bremen, haben wahrscheinlich ihren Einfluß im Frauenkloster Bassum geltend gemacht, das südlich der späteren Hansestadt liegt. Der Konvent wählt Richardis zur Äbtissin. Hildegard spricht ein entschiedenes Nein. Sie läßt die Nonne nicht ziehen, obwohl der Mainzer Erzbischof es ausdrücklich anordnet. Harsch geht Hildegard mit allen ins Gericht:

»Der gläubige Mensch soll nicht umherschweifen und nach einem Vorsteheramt trachten. Wenn einer unruhigen Geistes danach verlangt, Meister zu sein und dabei mehr nach der Macht strebt als auf den Willen Gottes schaut, ist dieser Amtsträger ein räuberischer Wolf. Niemals sucht seine Seele gläubig das Geistliche. Das ist Simonie (Ämterkauf).«[10]

Auch gegen die vermeintliche Drahtzieherin des Ämterkaufs, Richardis' Mutter, deren Überredungskunst Hildegard selbst schon genutzt hat, wendet sie sich und beschwört die Adelsfrau, die Tochter nicht weiter zu beeinflussen: »Denn die Äbtissinnenwürde, die du für sie begehrst, ist sicher, sicher, ja sicher nicht von Gott.« Richardis hört nicht auf Hildegard, sondern auf Mutter und Bruder, auch Abt Kuno bestärkt sie. Hildegards Vertraute geht als Klostervorsteherin nach Bassum. Doch immer noch gibt Hildegard nicht auf und will sie zurückholen. Sogar an den Papst wendet sie sich, jedoch ohne Erfolg. Nur wenn Richardis an ihrer neuen Stelle die Ordensregel nicht streng genug beachte, legt Eugen III. fest, könne sie zurückgeschickt werden. Hildegard hat Richardis endgültig verloren.
Erst diese bittere Einsicht rüttelt Hildegard auf. Sie gesteht sich auch ihre Fehler ein. »Voll von Liebe« zu Richardis war ihr

Herz, »weil das lebendige Licht mich in einer starken Schau lehrte, sie zu lieben.« Sie hat Richardis allen anderen Mitschwestern vorgezogen, obwohl in der Benediktsregel steht, daß der Abt »keinen Unterschied der Person machen darf: Er liebe den einen nicht mehr als den anderen, außer er fände einen, der sich auszeichnet in einem guten Verhalten und Gehorsam«.[11] Doch nicht wie eine Äbtissin hat Hildegard sie geliebt, sondern als allzu menschlicher Mensch. Richardis ist ihr schön wie eine Blume erschienen, die sich einreiht in die Symphonie dieser Welt.

Hinter dem harten – und vielleicht berechtigten – Vorwurf des Ämterkaufs hat Hildegard sehr selbstsüchtige Motive verborgen. Sogar das lebendige Licht hat ihr diesmal die richtige Antwort nicht gegeben, es sprengte nicht die Mauer des Egoismus, die Hildegard um sich errichtet hat. Doch jetzt verlangt sie Richardis nicht mehr zurück, nur noch einen Abschiedsbrief will sie schreiben und bekennen, daß auch sie gefehlt hat:

»Höre, Tochter, mich, deine Mutter, die ›im Geiste‹ zu dir spricht: Schmerz steigt in mir auf. Der Schmerz tötet das große Vertrauen und die Tröstung, die ich in einem Menschen besaß. Von nun ab möchte ich sagen: Besser ist es, auf den Herrn zu hoffen, als auf Fürsten seine Hoffnung zu setzen... Der Mensch, der so auf Gott schaut, richtet wie ein Adler sein Auge auf die Sonne. Und darum soll man nicht sein Augenmerk auf einen hochgestellten Menschen richten, der wie die Blume verwelkt. Hierin habe ich gefehlt aus Liebe zu einem edlen Menschen.

Nun sage ich dir: Jedesmal, wenn ich auf diese Weise sündigte, hat Gott mir diese Sünde entweder durch irgendwelche Ängste oder Schmerzen offenbar gemacht. So geschah es auch jetzt um deinetwillen, wie du selbst weißt.

Nun sage ich wiederum: Weh mir Mutter, weh mir Tochter! Warum hast du mich wie eine Waise zurückgelassen? Ich habe den Adel deiner Sitten geliebt, deine Weisheit und deine Keuschheit, deine Seele und dein ganzes Leben, so daß viele

sagten: ›Was tust du?‹ Nun sollen alle mit mir klagen, die Schmerz leiden gleich meinem Schmerz; die aus Gottes Liebe in ihrem Herzen und Gemüt Liebe zu einem Menschen trugen, wie ich sie zu dir gehabt – einem Menschen, der ihnen in einem Augenblick entrissen ward, so wie du mir entrissen worden bist.
Gottes Engel schreite vor dir her, es schütze dich Gottes Sohn, und Seine Mutter behüte dich. Gedenke deiner armen Mutter Hildegard, auf daß dein Glück nicht dahinschwinde.«

Die Wünsche Hildegards sind vergeblich, ihre Tochter wird in ihrer neuen Stellung nicht glücklich. Viele Tränen vergießt Richardis in Bassum »über das Verlassen deines Klosters; dessen waren viele Zeugen.« Sogar die Erlaubnis, zum Rupertsberg zurückzukehren, erwirkt sie schließlich. Doch es ist zu spät, sie wird nie mehr Hildegard den Schreibgriffel und die Wachstafel reichen, nie mehr mit ihr Psalmen singen. Am 29. Oktober 1152 stirbt Richardis. Ihr Bruder, Erzbischof Hartwig, benachrichtigt die alte Meisterin.
Hildegards Schmerz ist so groß, daß sie weder anklagen noch klagen kann. Sie tröstet sich, indem sie den Tod von Richardis als ein besonderes Zeichen göttlicher Liebe annimmt: Gott zog Richardis an sich und »schnitt allen menschlichen Ruhm von ihr ab«. Er hat verhindert, daß »die alte Schlange Richardis durch den hohen Adel ihres Geschlechtes verführt... Darum wollte Er Seine Geliebte dem feindlichen Liebhaber, der Welt, nicht überlassen.«

Während Hildegard sich nach Richardis verzehrt hat, ist das Rupertsberger Kloster weiter gewachsen: Die Bauten gehen ihrer Vollendung entgegen, und neue Schenkungen sichern die Existenz des Konvents. Auch Hildegards leibliche Schwester Clementia hat inzwischen den Weg hierher gefunden und das ewige Gelübde abgelegt. Hildegard lebt auf und mit ihr das klösterliche Leben auf dem Rupertsberg. »Und wie ich früher vor Schmerz geweint hatte, so weinte ich nun vor Freude, weil Gott mich nicht vergessen hatte.«[12] Milder als die Tränen, die

sie um das Kloster und Richardis geweint hat, sind diese Freudentränen. Sie gleichen einem »süßen Quell«.
Sichtbarstes Zeichen der Wende zum Besseren ist die am 1. Mai 1152 urkundlich bezeugte Wiederweihe der großen Klosterkirche. An ihr wurde sicher mit besonderem Hochdruck gearbeitet, denn sie ist das Herz der Abtei: Hier feiern die Nonnen zweimal täglich den Gottesdienst, hier versammeln sie sich siebenmal am Tag, um »im Angesicht der Engel« Psalmen zu singen. Der Erzbischof von Mainz weiht das Gotteshaus dem heiligen Rupert, dem heiligen Martin, den Aposteln Philippus und Jakobus und der Jungfrau Maria. Doch er spendet Hildegards Werk nicht nur den Segen, er schenkt dem Kloster auch einen ertragreichen Mühlenplatz am Binger Loch.*

Dreischiffig ist die geweihte Basilika mit den zwei hohen Türmen. Unter der Vierung im Chor werden die Gäste und Nonnen des Rupertsbergs Zeuge eines ganz besonderen Schauspiels. »*Ordo virtutum* – Spiel der Kräfte«[13], nennt die Äbtissin Hildegard ihr Singspiel, für das sie eine Vision aus ihrem Buch »Wisse die Wege« erweitert und vertont hat. Dieses Singspiel ist nach der Antike die erste neue und in sich geschlossene Theaterschöpfung und das erste von einer Frau geschaffene Bühnenwerk, das überliefert ist.
Mit dem *diabolus,* dem Versucher, dem einzigen, der nicht singt, sondern krächzt, ringen die Tugendkräfte. Die Kampfreihe führt ihre Königin an, die Demut. Alle »Töchter des Gottesstreiters«, verkörpert durch schöne und junge Frauengestalten, umkreisen wie in einem Reigen die Seele, *anima*. Sie ist die Bühne menschlichen Entscheidens, der Schauplatz des Dramas. Mit jedem Schlag seines Herzens ist der Mensch gefordert, sich zu entscheiden zwischen Gut und Böse, Teufel und Gott. Hildegards Singspiel endet mit den Worten: »Also

---

* In Bingerbrück, der Nachbargemeinde von Bingen, kündet heute noch der Straßenname »Am Rupertsberg« von der Klostergründung. Fünf restaurierte romanische Bögen der Abteikirche zieren jetzt einen Ausstellungsraum für Bürogeräte. Im 12. Jahrhundert begrenzten sie das Mittelschiff der Kirche, deren steinerner Fußboden drei Meter tiefer lag.

nun ihr Menschen alle, beugt eure Knie zu eurem Vater, sehnt euch ihm entgegen, daß er euch seine Hand entgegenstreckt.« Das Knie beugen heißt sich sehnen.
Hildegard sehnt sich danach, den Teufel endlich zu besiegen. In den ersten schweren Monaten auf dem Rupertsberg hat dieser Lügner und »Durcheinanderwerfer« alle herausgefordert. Im Singspiel tönt und krächzt der *diabolus:* »Du Narr, du Narr, was nützt es dir, dich abzumühen? Schau auf die Welt, sie wird dich in Ehren aufnehmen.« Sprach er nicht so zu den Nonnen, die vor dem harten Leben flohen? Und sprach er nicht so zu Richardis, die der weltlichen Eitelkeit nicht widerstand? Doch die Tugendkräfte rufen der davongelaufenen Seele zu: »Sei stark wie Eichenholz, und umgürte dich mit den Waffen des Lichts.« Dann ist sie unbesiegbar.

Die Rupertsberger Abteikirche hat eine Besonderheit: Die Nonnen versammeln sich mitten in der Kirche, »zwischen Apsis und Hauptschiff«, zum Chorgebet. Ein Gitter aus Holz oder Metall unterteilt das Kirchenschiff in einen öffentlichen und den Klausurbereich. Üblicherweise wurde der Nonnenchor nach Norden hin an den Altarraum angebaut. Hildegard hat, als sie ihr Kloster plante, nur die Basilika des Disibodenbergs gekannt und wahrscheinlich nachgeahmt. Dort versammeln sich Mönche genau an diesem Platz zum Chorgebet.
Ließ Hildegard ihr Gotteshaus aus Einfalt so bauen, oder steckt doch mehr dahinter: ein bewußter Verstoß gegen das Herkömmliche, ein unbewußter kleiner Seitenhieb gegen die Sitte, den Frauen in der Kirche einen unsichtbaren, nicht so zentralen Platz einzuräumen? Oder hat das zur Nahe steil abfallende und zum Teil felsige Baugelände einfach keine andere Wahl gelassen? Hildegard schweigt dazu, und in ihrer Zeit hat diese bauliche Besonderheit der Kirche auch kein Aufsehen erregt. Dafür ist etwas ganz anderes in den Augen einer Zeitgenossin ein wirklicher Skandal.
Die Klosterfrauen empfangen – wie damals üblich – einmal im Monat die heilige Kommunion, entweder am ersten Sonntag

im Monat oder an einem Kirchenfest. An diesen »Festtagen« stehen die Nonnen des Rupertsbergs mit herabwallenden Haaren im Chor. Geschmückt sind sie mit goldenen Fingerringen und bodenlangen leuchtendweißen Seidenschleiern, Sinnbild für die Anmut der Tugenden. Ihre Häupter krönen goldgewirkte Kränze, in die Kreuze und auf der Stirn ein Bild des Lamm Gottes eingeflochten sind. Die Bräute erwarten den Bräutigam.

Scharf kritisiert Meisterin Tengswich vom Kloster Andernach diesen »sonst nicht üblichen Brauch«. Steht denn nicht in der Bibel, »die Frauen sollen sich sittsam halten, nicht mit Haargeflecht und Gold und Perlen oder mit kostbarem Gewand« sich schmücken? Diese Prachtentfaltung – Gold steht auch für Besitz und Adel – ist noch Ausdruck einer anderen, »nicht weniger merkwürdigen« Haltung Hildegards. Sie verweigert »Nichtadligen und weniger Bemittelten« die Aufnahme in ihr Kloster, nur »Frauen aus angesehenem und adligen Geschlecht«[14] dürfen auf dem Rupertsberg Nonne werden.

Die Höflichkeitsfloskeln des Briefes, der Hildegard während oder kurz nach der Umsiedlung auf den Rupertsberg erreicht hat, weichen einem scharfen Ton. Hildegard verstoße offen gegen die Tradition der Kirchenväter, ja sogar gegen die Benediktsregel. Tengswich fordert, sie solle eine »Autorität« für eine solche religiöse Sitte benennen.

Die Andernacher Meisterin lebt in einer ganz anderen Klosterwelt als Hildegard. Ihr Stift ist eingebunden in eine klösterliche Reformbewegung, die zurückwill zu den Ursprüngen des Mönchtums: Das Armutsgebot wird strikt befolgt, das Gebot der Brüderlichkeit steht an erster Stelle. Strenges Fasten und Schweigen, sehr harte Arbeit und lange Nachtgebete werden von den Nonnen gefordert. Im Kloster Andernach müssen ihre Haare unsichtbar und unter einer schwarzen Kopfbedeckung verborgen sein. Die Andernacher Meisterin selbst entstammt keiner adligen Familie, sondern ist eine Ministerialentochter. Nur weil das Adelsprivileg in vielen Klöstern gefallen ist, konnte sie überhaupt Nonne werden.

O Reis und Diadem im königlichen Purpur

*Die sechs stehenden Frauengestalten sind die Tugendkräfte (von links) Hochherzigkeit, Enthaltsamkeit, Hingabe, Friede, Wahrheit, Heilszuversicht. Am Ende der »dreifachen Mauer« sitzt auf einem Stein die mit einer dunklen Tunika bekleidete »Mutter der Tugenden«, die Unterscheidung (*discretio*).*

Auch deshalb mißbilligt sie wohl Hildegards Haltung aufs schärfste.

Die Feier, die Tengswich als Skandal erscheint, ist in der Gedankenwelt der Visionärin geboren worden. Sehr selbständig lebt Hildegard auch innerhalb des Benediktinerordens ihren

Glauben. Sie läßt sich von niemandem gängeln. Wenn sie und ihre Nonnen sich mit Seide und Gold schmücken, so feiern sie auf ihre Art die »gottgeweihte Jungfräulichkeit«. Sie kleiden sich genauso, wie Hildegard die Jungfrauen in ihrem Buch »Wisse die Wege« geschaut hat, die sich mit Christus vermählen:

»Ihre Sprößlinge umstehen sie (die Gestalt der Jungfräulichkeit) in lichtem Chor, strahlender als die Sonne, wunderbar geschmückt mit Gold und Edelsteinen. Einige von ihnen sind verschleiert, und auf dem blendendweißen Schleier funkelt ein Reif.«[15]

Hildegard antwortet der Andernacher Äbtissin ohne Anrede und Einleitung. Schließlich schreibt eine Adlige an eine Nichtadlige! Schließlich spricht »nicht ein Mensch«, sondern »das lebendige Licht«! Nur für Ehefrauen gelte die angeführte Bibelstelle, betont Hildegard, jedoch nicht für die »Jungfrauen«. Sie läßt Tengswichs Argumente ins Leere laufen. Weniger geschickt und überzeugend wirkt, wie sie das Adelsprivileg ihres Klosters verteidigt:

»Die Untersuchung (über die Standesunterschiede) steht bei Gott. Er hat acht, daß der geringe Stand sich nicht über den höheren erhebe, wie Satan und der erste Mensch getan, da sie höher fliegen wollten, als sie gestellt waren. Welcher Mensch sammelt seine ganze Herde in einen einzigen Stall, Ochsen, Esel, Schafe, Böcke, ohne daß sie auseinanderlaufen? Darum soll man auch hier den Unterschied wahren, damit nicht die, die aus verschiedenen Volksschichten kommen, wenn sie zu einer Herde zusammengeschlossen würden, in stolzer Überheblichkeit, beschämt über die Standesunterschiede, auseinandergesprengt werden... Dem Stolz sind die Fürsten und Adligen als Personen von hohem Rang lieb, werden ihm aber verhaßt, wenn sie ihm den Garaus machen. So steht es geschrieben: ›Gott verwirft nicht die Machthaber, da er selbst ein Machthaber ist...‹«

Der Vergleich mit der Herde ist zu einem geflügelten Wort geworden, kaum ein Buch über das Mittelalter, das diesen Satz Hildegards nicht anführt. Herausgefordert durch Tengswichs scharfe Kritik, stellt sie diese provozierende Frage, aber sie ist nur ein Teil ihrer Begründung. Die Äbtissin vom Rupertsberg beruft sich vor allem auf den frühmittelalterlichen Grundgedanken der »christlichen Geblütsheiligkeit«. Danach haben Adlige eine Vorzugsstellung in der Heilsordnung Gottes, Adel und Heiligkeit sind verknüpft.

Hildegards Herkunft hat ohne Zweifel ihren Blick auf die mittelalterliche Gesellschaft geprägt, Machtlosigkeit und Armut erkennt sie nicht als Problem. Zu lange lebte sie »weltabgeschieden« hinter den Mauern der Frauenklause. Hildegard hält an einer Ständelehre fest, die nur zwei Gruppen kennt: die Hoch- und die Niedergeborenen. Nichts anderes schreibt sie auch in ihrem ersten Buch, dessen Visionen einmal mehr auch ihre Zeit und Person widerspiegeln. Hildegard bleibt in diesem Punkt einem alten, aber noch weitverbreiteten Denken verhaftet.

Das Frauenkloster auf dem Rupertsberg läßt der neue Reformgeist fast unberührt, der im 12. Jahrhundert von Cluny aus auch das Benediktinertum erfaßt. Hildegard verurteilt ausdrücklich zu viele neue und penible Schweigegebote. Sie lobt die alte Kürze des Gebets und hält für überflüssig, die Benediktsregel lang und neu auszulegen. Im Kapitelsaal erklärt die Äbtissin, wie sie die Regel des heiligen Benedikt versteht:

»Er war der verschlossene Brunnen, der seine Lehre in der Maßhaltung Gottes *(discretio dei)* erquellen ließ, indem er nämlich den spitzen Nagel dieser Regel nicht zu hoch und nicht zu tief einschlug, so daß jeder, der Starke wie der Schwache, daraus zu trinken vermochte, und zwar jeder nach seinem Fassungsvermögen.«[16]

In Hildegards Kloster ist inzwischen »alles wohlbestellt«, es bietet Platz für fünfzig Nonnen, zahlreiche Angestellte und Gäste. Die »stattlichen und geräumigen Gebäude – wie sie sich für Nonnen eignen«[17] – sind vollendet. An die Kirche, die von Westen nach Osten liegt, stößt das dreiflügelige Hauptgebäude. Der Ostflügel der Abtei ist das eigentliche Wohnhaus mit den Schlafräumen im ersten und dem Kapitelsaal im Erdgeschoß, an den der Klostergarten angrenzt. Der Südflügel beherbergt die Küche und den Speisesaal, die Schreibstube und Bibliothek, andere Arbeitsräume und Werkstätten, durch die – ein Luxus in dieser Zeit – sogar Wasserleitungen gelegt sind. Im Westflügel, am weitesten von der Kirche entfernt, sind Keller und Vorratskammern untergebracht. Hinzu kommen noch zahlreiche Nebengebäude; das Gäste- und das Gesindehaus und schließlich das Hospiz, das Kranke aufnimmt. Auch Ställe und Scheunen, Mühlen und Backhäuser stehen innerhalb der Klostermauern, der Grenze der Gottesstadt.

Hildegard liebt besonders den Kreuzgang, der den Hof an der Südseite der Kirche umschließt. Der Kreuzgang ist der wichtigste Zugang zu dem strengen Klausurbereich, den nur die Nonnen betreten dürfen. Durch diesen Gang schreiten die Frauen in Prozessionen zur Kirche, hier sitzen sie während der warmen Jahreszeit auf Bänken und lesen. Oft sehen die Nonnen ihre Äbtissin dort umhergehen. Manchmal singt sie laut ihr Lieblingslied »An Maria«, das sie selbst geschrieben und vertont hat.

In diesem Lied wie auch in der eigenwilligen Gewandung an den Festtagen feiert Hildegard die »ihr bestimmte Form Frausein«.[18] Für sie ist die Frau nicht minderwertiger als der Mann, kein benachteiligtes Geschöpf. Hildegard ordnet die Frau dem Mann nicht unter, wenn sie zum Beispiel das Weib mit dem Mond vergleicht, der seine Stärke von der Sonne, dem Mann empfängt. Sie weiß wahrscheinlich sehr genau, so vermutet die Theologin Elisabeth Gössmann, daß in den alten Mythologien *luna* gewichtiger war als die Sonne. Außerdem wurde die Frau nicht wie der Mann aus Erde in Fleisch verwandelt, sondern sie blieb, was sie war, »deshalb ist ihren Händen ein kunstreicheres Werk anvertraut«.[19] Natürliche weibliche Eigenschaften nimmt Hildegard zwar als gegeben hin, doch sie legt sie immer wieder sehr positiv aus (siehe auch Seite 138f.). Wer so selb-

ständig und unbequem wie sie ihren Glauben lebt, kann wahrscheinlich gar nicht anders denken.
Hildegard stellt folgerichtig die Jungfrau, *virgo,* nicht dem Mann, *vir,* an die Seite. Sie macht aus der gottgeweihten Frau keine *virago,* eine Männin, und sondert sie nicht vom weiblichen Geschlecht ab wie die Schultheologie. Hildegard fühlt sich mit allen Frauen verbunden, mit Eva wie mit Maria, der sie eines ihrer schönsten Lieder gewidmet hat:

O virga ac diadema purpurae regis...

O Reis und Diadem im königlichen Purpur,
verschlossen bist du einer Brünne gleich.
Du grünst und blühst auf ander Art
als Adam, der den Menschen gab das Leben.
...
O Blüte du, nicht Tau, noch Rieselregen,
noch Windeswehn bist du entsprossen,
vielmehr hat dich die Gottesherrlichkeit
am edlen Reis erweckt.
...
Wie kraftvoll ist des Mannes Seite,
aus ihr schuf Gott der Frau Gestalt,
zum Spiegel seiner Schönheit schuf er sie,
zur Mutter, die umfängt all seine Kreatur.
...
Ach, welch ein Schmerz, o welche Trauer,
da durch die List der Schlange
der Sünde Not die Frau befiel.
...
Doch stieg aus deinem Schoß, o Morgenrot,
die neue Sonne auf,
die alle Sünden Eva hat getilgt.
Der Segen strömt durch dich nur reicher
als das Unheil, das Eva einst den Menschen hat gebracht.

O Retterin, du hast dem menschlichen Geschlecht
das neue Licht geboren,
so sammle denn die Glieder deines Sohnes
zur einen Himmelsharmonie.[20]

Auch Zeit zum Schreiben findet Hildegard wieder. Vermutlich zwischen 1150 und 1160 – denn es ist die einzige Zeit, in der sie nicht an einer Visionsschrift arbeitet – trägt sie ihr ganzes Wissen über Tiere, Pflanzen und Steine, Krankheiten und Heilmittel in einem Buch zusammen. Sie nennt es *»Liber subtilitatum diversarum naturarum creaturarum«,* das »Buch von dem inneren Wesen der verschiedenen Naturen der Geschöpfe«. Ihre Schrift steht ganz in der Tradition der mittelalterlichen Volks- und Klostermedizin, mit der sie aufwuchs und die auch auf dem Rupertsberg praktiziert wird. Mit der Infirmarin, der Apothekerin und Ärztin ihres Klosters, berät sie sich sicher. Aus den Heilkräutern, die im Garten wachsen, brauen die Frauen selbst Heilgetränke und fertigen Pflaster, rühren Salben und Tinkturen. Wer damals krank ist, geht nicht zum Arzt, sondern klopft an die Klosterpforte.

Als Hildegard ihre heilkundliche Schrift beginnt, ist das Ende der Mönchsmedizin bereits eingeleitet. Im Jahre 1130 hat das Konzil von Clermont allen Geistlichen verboten, in der Heilkunde tätig zu sein, denn das vertrage sich nicht mit einem weltabgeschiedenen klösterlichen Leben. Die neu entstehenden Universitäten in Paris und Bologna werden sich des Faches bemächtigen, die »Schulmedizin« wird geboren.

Hildegards Heil- und Naturkunde ist zweierlei: die naturwissenschaftliche Schrift einer klugen, scharf beobachtenden Frau und ein Buch ihres christlichen Glaubens. Mit den Kranken betet sie mit folgenden Worten um Genesung:

»O Tropfen des Blutes, das durch die Höhen des Himmels erklungen ist, da alle Elemente durcheinandergerieten und wehklagend aufschrien, voll Entsetzen, weil das Blut des Schöpfers sie angerührt hatte, reiß uns heraus aus unserem Siechtum.«[21]

In dieser Zeit dringt die Kunde vom Tod eines großen Mannes wohl auch bis zum Rupertsberg. Bernhard von Clairvaux stirbt am 20. August 1153. An der Bahre des Verstorbenen laufen die Menschen zusammen, »sie klammerten sich an die kost-

»Hildegard schreibt an ihrem Werk«.
Holzschnitt aus dem 16. Jh.

baren Füße des Toten, küßten seine Hände, rührten Brote, Gürtel, Münzen und alle möglichen Dinge an ihn, um sie als Segen, gut für allerlei Nöte, aufzubewahren«.[22] Für den Tag der Beisetzung fürchten die Mönche noch Schlimmeres, sie beerdigen Bernhard deshalb früher als erwartet. Hildegard betet sicher für den Toten, den sie »als Adler, der in die Sonne blickt«, gesehen hat.

Die Stätte, von der sie vor fünf Jahren weggezogen ist, läßt sie nicht Atem holen. Es bleibt ein Ort, der Streit und Zwietracht aussät. Im Jahre 1155 verlangt Abt Kuno den Mönch Volmar zurück. Seine Anordnung erschüttert Hildegard so, daß sie »auf den Tod« erkrankt. Doch es geht nicht nur um Volmar, auf den sie um so stärker angewiesen ist, seit Richardis sie verlassen hat. Das Verhältnis des Frauenklosters zum Disibodenberg muß klar und für alle Zeit geregelt werden, das begreift sie jetzt. Das neue Kloster hat sie in den vergangenen Jahren zu sehr beansprucht, und vielleicht war sie auch zu ängstlich. Doch jetzt, »belehrt und genötigt« durch eine Vision und gestraft durch die Krankheit, besiegt sie die Feigheit: »Ich mag kein Leben, das in der Asche liegt. Ich will an den sprudelnden Quell gelangen. Deshalb nehme ich den Kampf auf.«[23]

Hildegard läßt sich in das Oratorium tragen und gelobt vor ihren Schwestern, zum Disibodenberg zu reiten. Zwei Helferinnen heben die kranke Äbtissin auf ein Pferd und halten sie an den Händen, während das Pferd vorwärtsschreitet. »Kaum war sie eine ganz kurze Strecke weit geführt worden, da kehrten ihre Kräfte zurück, und sie ritt freudig voran.«[24]

Den Fluß entlang reiten sie zum Disibodenberg. Nach sechs Wegstunden kommt er zwischen Nahe und Glan in Sicht. Erinnert sie sich jetzt an damals, als die achtjährige Hildegard von Bermersheim ängstlich und gespannt dort hinaufschaute? Wieder ziehen Wolken über die Bergkuppe.

Die Mönche sind überrascht, als die Frauen an die Klosterpforte klopfen. Doch niemand weist sie zurück. Unangemeldet betritt Hildegard den Kapitelsaal, wo Abt Kuno und seine Männer sitzen. Vor ihnen steht nicht nur eine wütende alte Frau, eine zornige Prophetin verlangt Rechenschaft:

»Das hellstrahlende Licht spricht: Du sollst Vater über den Propst (Volmar) und das Seelenheil der geheimnisvollen Pflanzstätte meiner Töchter sein. Die ihnen gemachten Schenkungen gehören weder dir noch deinen Brüdern... Haben einige in ihrer Unwürdigkeit gesprochen: Wir wollen ihren Besitz verringern, so spreche ICH, DER ICH BIN: Ihr seid die schlimmsten Räuber! Wenn ihr aber versuchen solltet, den Hirten der geistlichen Heilkunst (Volmar) den Nonnen zu entziehen, dann sage ich euch ferner: Ihr seid den Söhnen Belials gleich und habt die Gerechtigkeit Gottes nicht vor Augen. Deshalb wird Gottes Strafgericht euch vernichten.«[25]

Der ungeheuerliche Auftritt Hildegards bewegt den Klostervorstand tatsächlich zum Einlenken. Die Mönche wollen den Frauen endlich geben, was ihnen zusteht. Doch eine mündliche Absprache genügt Hildegard nicht. Sie weiß um den Neid und die Feindschaft, die viele noch im Herzen tragen. Und als

Abt Kuno kurz nach dem Eklat im Juni des Jahres 1155 stirbt, verhandelt sie zäh mit dem neuen Abt Helenger. Über zwei Jahre ziehen sich die Formalitäten hin. Das Grundbuch des Klosters Disibodenberg müssen sie sichten. Hildegard tauscht neue Besitzungen gegen acht Gehöfte der Mönche aus, damit die Güter günstiger zu ihrem Kloster liegen. Hildegard zahlt auch eine Abfindung an das Männerkloster. Sie will verhindern, daß die Mönche in Not geraten und neue Unzufriedenheit keimt. Dann endlich hält sie die ersehnten Urkunden[26] in Händen. Geschrieben wurden die Dokumente am 22. Mai 1158 in Mainz, der Erzbischof Arnold von Mainz hat sie mit seinem Siegel vor einer Reihe von Zeugen beglaubigt. Auf den Domklerus folgen Äbte und Pröpste bedeutender Stifte und vier Kapläne. Neun Grafen, vier andere Adlige und fünfzehn namentlich aufgeführte Dienstleute der Mainzer Kirche schließen sich als Zeugen an.

Die erste Urkunde bestätigt zunächst alle neuen Schenkungen an das Kloster Rupertsberg und daß Hildegard darüber allein verfügen darf. Die zweite Urkunde regelt die Rechtsstellung des Frauenklosters zum Disibodenberg. Alle rechtmäßigen Besitzungen der Nonnen fließen an sie zurück, der Disibodenberg kann keine Ansprüche mehr stellen. Die Urkunde verpflichtet das Männerkloster, die geistliche Betreuung des Rupertsbergs zu sichern, wobei Hildegard den Propst frei wählen darf.

Damit aus diesen seelsorgerischen Banden keine neuen Forderungen erwachsen, erhält der Rupertsberg das Recht, seine Äbtissin frei zu wählen, für alle Zukunft. Auch einen Vogt, der nicht zur Klostergemeinschaft gehört und kein Mönch ist, lehnt Hildegard ab. Solch ein Laie sei wie »ein Wolf im Schafstall«. Tatsächlich stiegen Vögte damals oft zu den eigentlichen Herren im Kloster auf, die sogar die Abtswahl kontrollierten. Sie mißbrauchten ihren Einfluß, der auf den lebensnotwendigen weltlichen Geschäften der Klöster gründete. Doch nicht nur das Geld machte sie mächtig, einem Vogt oblag auch der Schutz des Klosters in kriegerischen Auseinandersetzungen. Eine Forderung der mönchischen Reformbewegung war deshalb die Abschaffung der weltlichen Vögte, und in diesem Punkt schließt sich Hildegard neuen Gedanken an: »Da sie ihn (den Ort) frei erworben hatte, entschied sie, daß er auch für immer frei bleiben sollte.«[27] Sie unterstellt ihr Kloster einem Geistlichen, dem Erzbischof von Mainz.

Am Ende dieser Jahre ist aus Hildegard von Bermersheim die »Hildegard von Bingen« geworden. Ihren neuen Ruhm bewältigt sie, demütig lebt sie seinen Verpflichtungen. Auch darin ist sie ganz Benediktinerin: »Nicht heilig genannt werden wollen, bevor man es ist; sondern es zuerst sein, damit man mit mehr Grund so genannt werden kann.«[28] In ihrer Rolle als Prophetin ist Hildegard gereift, sie steht im September ihres Lebens:

»Der neunte Monat ist Reifezeit. Keine schrecklichen Gewitter verzerren mehr sein Gesicht. Allen wertlosen Saft nimmt er von den Früchten, damit sie gut zu genießen seien. All das trägt dieser Monat wie in einem Sack sicher durch die Zeit. Er kann daher mit seinen Eigenschaften dem Magen des Menschen verglichen werden. Alles, was in ihn hineingestopft wird, muß mit Hilfe der Hitze der Leber und der übrigen Eingeweide durchgekocht werden...
Des Menschen Seele legt einen äußerst starken Panzer an, sorgfältig gewebt und zusammengefügt: Es ist dies die Geduld, eine Tugend, die kein Pfeil zu durchbohren vermag...
So hält die Geduld alle Werke in der maßvollen Mitte, gleichsam in ihrer vollen Reife.«[29]

Man vergleicht Hildegard bereits mit Deborah, mit einer Prophetin des alten Bundes. Deborah hatte zwischen Rama, dem Erhabenen, und Bethel, dem Haus Gottes, ihren Sitz. Vom Berg aus richtete sie und sprach Recht. Auch Hildegard verkündet Gottes Wort nicht nur in ihrem Kloster, sie ist eine Ratgeberin der Großen und Mächtigen geworden. *Prophetissa teutonica,* die deutsche Prophetin, wird sie inzwischen genannt.

O Reis und Diadem im königlichen Purpur

Die heilige Hildegard, die Prophetin, wird meistens mit einem Federkiel in der rechten Hand dargestellt. Diese Malerei schmückt ein Seitenschiff der Kirche der heutigen Abtei St. Hildegard in Rüdesheim-Eibingen.

Doch das Volk und auch Kirchenleute erwarten mehr; sie erhoffen Wunder und Wahrsagerei. Hat Kaiser Barbarossa nicht an sie geschrieben: »Was du uns vorausgesagt hat... halten wir bereits in Händen«[30]? Doch Hildegard ist kein »Wunderding« und kein Orakel, wie ihr zweiter Beiname »Sybilla vom Rhein« leicht glauben läßt. Sie warnt vor den magischen Künsten und spricht klare Worte gegen die weitverbreitete Sterndeuterei:

»Bisweilen machen die Sterne an sich viele Zeichen offenkundig, je nachdem die Menschen sich gerade in ihren Werken verhalten. Indessen zeigen sie weder die Zukunft noch die

Gedanken der Menschen an; nur das, was der Mensch durch seinen eigenen freien Willen bereits klargemacht oder in Wort oder Werk realisiert hat, nur das wird angezeigt, indem die äußere Atmosphäre jenes nämlich aufnimmt.«[31]

»Die Sterne und die anderen Geschöpfe erforsche nicht über dein Schicksal, den Teufel bete nicht an, noch rufe zu ihm, noch befrage ihn über etwas. Denn wenn du mehr wissen willst, als du sollst, wirst du von dem alten Verführer betrogen...«[32]

»In der Schau meiner Seele sehe ich sehr viele Wunder Gottes und verstehe durch Gottes Gnade die Tiefe der Heiligen Schrift. Doch was und welcher Art die zukünftigen Geschicke der Menschen sind, das wird mir darin nicht geoffenbart... Ich maße mir nicht an, die Zukunft des Menschen zu erfragen, weil es zum Heil der Seele besser ist, sie nicht zu kennen.«[33]

Als fünf Äbte die Seherin bitten, einer unfruchtbaren Frau zu helfen, verspricht sie, im Gebet Gottes Hilfe zu erflehen, »er aber tue, was Er gütig und barmherzig zu tun beschlossen hat.«[34]
An die Prophetin Hildegard hat am Anfang des 16. Jahrhunderts der Maler Matthias Grünewald erinnert. In seinem Hauptwerk, dem berühmten Isenheimer Altar, verlegt er die Geburt Christi in die Natur. Über Maria, die das Kind in den Armen hält, bricht der Himmel auf. Die Muttergottes sitzt vor einer Landschaft mit einem Hügel, auf dem Hildegards Kloster thront. Zwischen den Türmen der Abteikirche und dem offenen Himmel bewegen sich Engel auf Lichtstrahlen hinauf und hinab. Die göttlichen Boten durchwandern das Licht, das vom Himmel auch auf das Kloster fällt. Die Prophetin steht im Licht.

Der Mensch hat Himmel und Erde in sich selber

Die Natur- und Heilkunde Hildegards

Die Blume, die alle den »Hymelssloszel« (Himmelsschlüssel) nennen, wächst zwischen den Flüssen Nahe und Glan rund um den Disibodenberg. Der lateinische Name ist Hildegard immer noch unbekannt, als sie über die Pflanze in ihrem »Liber simplicis medicinae – Buch der einfachen Heilmittel« schreibt:

»*De Hymelssloszel.* Die Schlüsselblume ist warm, und sie hat ihre ganze Grünkraft vom Scheitelstand der Sonne. Bei Melancholie und Wahnvorstellungen soll die Pflanze auf das Herz gebunden werden. Bei Kopfschmerzen, welche durch böse Säfte veranlaßt werden, soll sie auf den kahl rasierten Scheitel und auf die Brust gebunden werden... Wer aber durch seinen ganzen Körper von der Lähmung geplagt wird, der lege dieses Kraut in seinen Becher, damit er davon den Geschmack annehme, und er trinke häufig, und er wird geheilt.«[1]

Über 500 solcher Rezepte hat die Klosterfrau im Laufe der Jahre gesammelt. Dieses Heilwissen gehört zum Bildungsgut, das die Klöster seit dem frühen Mittelalter bewahren und pflegen. Besonders bei den Benediktinern hat die Krankenversorgung eine lange Tradition. Sie ist ihnen »eine erste und höchste Pflicht«.

Auf dem Disibodenberg und Rupertsberg hat Hildegard sicher ihre eigenen Beobachtungen gemacht. Ob sie selbst Kranke untersucht und nach ihren Rezepten behandelt hat, ist nicht überliefert. Doch wie die Äbtissin die Herstellung und Anwendungen beschreibt, Dosis und Wechselwirkung der Arzneien diskutiert, spricht für viel praktische Erfahrung. Gelegenheit dazu hatte sie im Aderlaß- und Purgierzimmer des Klosters, in der Apotheke und im Kräutergarten, in der Kran-

kenstube, die die kranken Schwestern aufnimmt, und in den Bädern der Abtei.
Die Pflanzen und Kräuter sind die Grundstoffe für mehr als die Hälfte der Rezepturen, die Hildegard wahrscheinlich in den Jahren 1150 bis 1160 niederschreibt. Gerade im Grün der Kräuter offenbart sich für sie die göttliche »Grünkraft«, *viriditas*. Deshalb sollen frische junge Pflanzen besser helfen als getrocknete. Sie klärt auch über die Heilkraft der Bäume, Elemente und Metalle auf, empfiehlt heilkräftige Steine und Edelsteine:

»*De Prasio*. Der Quarz, in etwas »deicht« (Teig) gerollt und drei Tage und Nächte lang auf den Nabel gebunden, beseitigt das Fieber.«[2]

Verblüffend genau sind ihre Beobachtungen der Fische und Vögel, der Säugetiere und Reptilien. Hildegard weist sich als eine der besten Tier- und Pflanzenkennerinnen ihres Lebensraumes und ihrer Zeit aus. Doch sie ist keine »Naturforscherin« im heutigen Sinne. Immer will sie wissen, wie und warum sich die ganze stoffliche Materie zum Heilmittel eignet.
Hildegard hat dieses medizinische Wissen nicht aus den Visionen geschöpft. Aber die Klosterfrau verschweigt, welche Quellen ihr zur Verfügung standen und welche medizinischen Werke sie gelesen oder zitiert hat. Ihr Arzneibuch, das unter dem eher irreführenden Namen »Naturkunde«, *physica*, bekannt geworden ist, enthält auch magische Rezepte und Beschwörungsformeln der mittelalterlichen Volksmedizin.

»*De Terrasubviridi*. Die Erde, die nicht weiß, schwarz oder rötlich ist, sondern grünlich und steinig, ist kalt und trocken... Wenn ein Mensch an Lähmung leidet, soll ein anderer rechts und links von den Stellen, an denen im Bett dessen Kopf und Füße liegen, etwas Erde ausgraben und dabei sprechen: ›Du, Erde, schläfst in dem Menschen N...‹ Dabei soll er die Erde auf den Kopf und die Füße des Kranken legen, daß Kopf und Füße davon warm werden, und weiter sprechen: ›Du, Erde, in

Mitten im Universum, das der Schöpfergott umfängt, liegt die Erde. Davor steht der Mensch, »der Kosmosmensch«. Er ragt in die Atmosphäre und bis an den Wassermantel und die Feuerzone des Weltgefüges. Wie in einem Netz hält und bewegt er die Welt.

(auf) dem Menschen N..., mache, daß er die Kräfte zurückgewinnt, im Namen des Vaters und des Sohnes und des Heiligen Geistes, der ein lebendiger allmächtiger Gott ist.‹ So soll man drei Tage lang verfahren.«³

Hildegard ist bestens vertraut mit der antiken Säftelehre, die auf den Mediziner Galen zurückgeht und damals alles medizinische Denken prägt. Jeder lebendige Körper besteht nach dieser Lehre aus vier Säften – Hildegard spricht von Schleim. Jeder Saft ist einem der vier Elemente und dessen Eigenschaften zugeordnet: Blut entspricht der Luft und ist warm und feucht, Schleim dem feuchten und kalten Wasser. Die rote Galle ist wie das Feuer warm und trocken, die Schwarzgalle dagegen trocken und kalt wie die Erde. Bei Krankheit sind sie die Säfte im Ungleichgewicht.

Die Heilkundigen des Mittelalters kurieren mit warmen Mitteln, wenn zum Beispiel zuviel Kälte krank macht. Der »warme« Weizen vertreibt dann die Rücken- und Lendenschmerzen, und die Wärme des Beifußes lindert Magenleiden. Der Himmelsschlüssel mit seiner natürlichen Wärme wirkt bei Herzerkrankungen. »Trockene« Pflanzen dagegen trocknen feuchte Säfte aus.

Gleiches heilt Gleiches ist ein weiteres uraltes Prinzip der Erfahrungsmedizin, nach dem auch Hildegard ihre Heilmittel verabreicht. In der Sonne getrocknete und pulverisierte Reiheraugen sollen die Sehkraft wiederherstellen, gelbe Heilmittel – ein Trank aus der lederfarbenen Aloe und das Auflegen eines gelben Vogels, des Pirols – die Gelbsucht vertreiben. Doch nicht nur die Farbe, auch die Form begründet die medizinische Wirksamkeit. Die *Lunckwurtz*, deren Blätter wie eine gefleckte kranke Lunge aussehen, hilft Lungenkranken, die das Kraut in Wein gekocht einnehmen. Bei Seitenstechen empfiehlt Hildegard die stachelige Mariendistel. Diese Pflanze enthält – so ist inzwischen nachgewiesen – leberwirksame Stoffe, die derartige Beschwerden tatsächlich lindern. In der Weidenrinde haben moderne Chemiker die Salicylsäure entdeckt, deren Abkömmling im Aspirin als fiebersenkendes Mittel ge-

Heilmittel aus Kräutern gehörten zum Arzneimittelschatz aller mittelalterlichen Apotheken, auch der Klöster. Die Nonnen fertigten selbst Arzneien und kümmerten sich um die Kranken, die an die Klosterpforte klopften.

geben wird. Auch Hildegard hat schon mit der *Salix alba* das akute Fieber behandelt.

Viele der »einfachen Heilmittel« sind – mit heutigen wissenschaftlichen Standards gemessen – als Medikament stark umstritten oder wirken sicher nicht. Zu anders war das mittelalterliche Krankenverständnis, zu verschieden die Krankheitsbilder damals und heute. Hildegards Medizin ist sehr stark gebunden an die Lebensumstände und das Wissen ihrer Zeit. Sie behandelt zum Beispiel ausführlich die Mundpflege – angesichts der damaligen Machtlosigkeit bei Zahnschmerzen eine sehr sinnvolle Maßnahme. Doch auch sie glaubt an den Zahnwurm, der bis ins 19. Jahrhundert hinein als Erreger von Zahnkrankheiten gegolten hat.

Das Etikett »Hildegard-Medizin« nennt der Medizinhistoriker Heinrich Schipperges einen kühnen Titel. Hildegards Heilwissen ist kaum ein von Gott bewirktes »Wunder«, das ihre Medizin über alle Zeiten hinweg gültig macht. Sie hat allerdings »innerhalb der Grenzen ihrer Zeit... eine sinnvolle symptomatische Therapie«[4] entwickelt.

Die »Naturkunde« ist auch ein Schatz für Sprachforscher. Hildegard übernimmt die einheimischen, deutschen Namen, wenn sie lateinische Bezeichnungen von Pflanzen oder Krankheiten nicht kennt. Viele dieser mittelhochdeutschen Ausdrücke gehören zum Wortschatz der »unbekannten Sprache«. Hildegard folgt nicht nur einer Mode ihrer Zeit. Ihre *lingua ignota*, die sich an das Lateinische, Hebräische und Griechische anlehnt, hatte möglicherweise einen ganz praktischen Zweck. Die Äbtissin verschlüsselt damit heilkundliche Rezepte, die auf dem Rupertsberg oder an andere Abteien weitergegeben werden.[5] Die Geheimsprache und Geheimschrift entstehen zur gleichen Zeit wie das medizinische Buch, und ein Drittel der überlieferten Hauptwörter stammt aus dem heilkundlichen Bereich.

Hildegards medizinisch-naturkundliches Werk bringt ihr später den Titel »Blüte der Klostermedizin« ein und macht sie in den Augen vieler zur »ersten deutschen Naturforscherin und Ärztin«[6]. Doch der Titel »Meisterin der Heilkunde« paßt besser. Außer dem recht praktischen Arzneibuch sind viele charismatische Heilungen Hildegards überliefert. Sie hat besessene Frauen und Männer von den Dämonen und Fallsüchtige von der »heiligen Krankheit« Epilepsie befreit, Blinde sehend und Todkranke gesund gemacht.

Von der Heiligen und der Visionärin ist auch die »Ärztin« Hildegard nicht zu trennen. Ihre »Heilkunde« ist immer eine wirkliche »Heilskunde«. Das bezeugt das »Buch der zusammengesetzten Heilmittel – *Liber compositae medicinae*«, der zweite Teil des überlieferten medizinischen Werkes. Diese Schrift beginnt mit einer Betrachtung über die Erschaffung des Universums und der Aufforderung:

»O Mensch, schau dir doch... den Menschen richtig an: der Mensch hat ja Himmel und Erde und die ganze übrige Kreatur in sich selber und ist doch eine Gestalt, und in ihm ist alles schon verborgen vorhanden.«[7]

Hildegard beschreibt den Bau des Kosmos aus den vier Elementen, die Schöpfung des Firmaments und der Gestirne und wie alles das irdische Leben und den menschlichen Körper beeinflußt. Die ganze Welt, der Makrokosmos, findet in der kleinen Welt, dem Mikrokosmos Mensch, ihre Entsprechung. Der Mensch als Werk Gottes ist für sie immer auch ein geschlechtliches Wesen. Deshalb scheut sich die Nonne nicht, Zeugung und Geburt zu behandeln. Die Liebe zwischen Mann und Frau, der Geschlechtsakt und Orgasmus sind keine Tabuthemen.

Krankheit ist für Hildegard immer ein Versagen auf dieser Welt. Wenn die Menschen die göttlichen Gebote übertreten, geraten die Körpersäfte in Unordnung, aus dem Gleichgewicht und machen krank. Die schwarze Galle, die mannigfache Krankheiten – darunter die schreckliche *Melancholia* – auslöst, ist sogar eine unmittelbare Folge des Sündenfalls:

»Ehe Adam das göttliche Gebot übertreten hatte, leuchtete das, was heute die Galle im Menschen ist, hell wie ein Kristall in ihm... das, was heute Schwarzgalle im Menschen ist, strahlte damals in ihm wie die Morgenröte und barg das Bewußtsein und die Vollendung der guten Werke in sich. Als aber Adam das Gebot übertreten hatte, wurde... die Schwarzgalle in die Finsternis der Gottlosigkeit und er selbst in eine völlig andere Art umgewandelt. Da befiel Traurigkeit seine Seele, und diese suchte bald nach einer Entschuldigung dafür im Zorn.«[8]

In Hildegards »in sich schlüssiger Krankheitslehre«[9] wirken Leib und Seele aufeinander. Sie erkennt bereits, daß der Mensch selbst Kräfte freisetzt, die eine Heilung fördern oder behindern können.

Ein ganz umfassendes »Wissen zum Heil« vermittelt Hildegard in ihren Schriften. Der richtige Umgang mit den Lebensmitteln, von denen sie Wein und Dinkel besonders schätzt, gehört dazu. Doch alles soll der Mensch im rechten Maß genießen. Die benediktinische *discretio* regelt selbst Essen und Schlaf. Den Menschen nimmt Hildegard in die Verantwortung, er muß für seine Gesundheit »vorsorgen«. Die Äbtissin vom Rupertsberg liefert eine ganzheitliche Sicht des gesunden und kranken Menschen, die wegen dieser umfassenden »Vorsorge« bis heute Bestand hat und wiederentdeckt wird.

Ihre »Natur- und Heilkunde« macht Hildegard in unserer Zeit besonders populär. Doch diese Schriften bleiben historisch der umstrittenste Teil ihres Werkes. Weder aus dem 12. Jahrhundert noch aus späterer Zeit ist eine Abschrift des Werkes überliefert, das Hildegard – so bezeugt sie selbst – *Liber subtilitatum diversarum naturarum creaturarum* genannt hat. Erst im 13. Jahrhundert machten andere Autoren daraus zwei Teile, ergänzten ganze Abschnitte und fügten neue Überschriften ein.

Die »Natur- und Heilkunde« sind sicher auch die Bücher Hildegards, die am leichtesten mißverstanden werden. Hildegard von Bingen ist keine pillendrehende Kräuterfrau, die Rezeptchen für den Hausgebrauch liefert, keine Kräuterhexe in Nonnenkutte. Ein Heilmittel begreift sie als ein Mittel zum Heil. »Es ist wichtig, einen kranken Körper zu stärken«, sagt sie, »damit er dem Teufel und seinen Gehilfen Widerstand leisten kann«.[10]

Die Rückbesinnung auf die Heilkunde der Klosterfrau ist heute Teil einer Suche nach einer »besseren« Medizin. Die moderne Medizin, die Krankheit nur als einen Störfall der Maschine Mensch begreift, stößt an Grenzen. Stahl, Strahl und Chemie haben Leid und Tod nicht ausgerottet.

◀ *Die Elemente der Welt klagen über den Menschen, der quer zur Schöpfung liegt und das kosmische Gleichgewicht zerstört. Mit dem »Sündenfall« des Menschen beginnt das Unheil, kommt Krankheit in die Welt.*

Die Naturmedizin schürt neue Hoffnungen. Dahinter steckt der alte Wunsch, Leid und Krankheit ganz zu besiegen. Dagegen forderte schon Hildegard von Bingen, das Leben auch in Krankheit anzunehmen. Die Ärzte ermahnt sie, den Kranken besser zu begleiten und mehr mitzuleiden. Die Barmherzigkeit empfiehlt sie ihnen als »überaus liebliches Heilkraut« und fragt: »Wie könnt ihr Heilmittel geben, ohne eure Tugend dazuzutun?«[11]

Die heilkundige Nonne warnt Kranke und Ärzte immer wieder vor falschen Erwartungen. Allmächtig sind weder die heutige Medizin und ihre Mediziner, noch waren es die Klosterfrau und ihre Heilkunde aus dem 12. Jahrhundert. Das Schicksal und nicht der Arzt mit seinen Heilmitteln entscheidet am Ende über Leben und Tod. Hildegard von Bingen schreibt:

»Wenn... Gott es anders beschlossen hat, so wird alles nichts nützen, und der Mensch muß sterben. Dann rüste er sein Haus.«[12]

Jetzt ist die laue, weibische Zeit
*Die Politikerin Hildegard und ihre Predigtreisen,
Gründung des Klosters Eibingen, Tod Volmars
1158-1173*

Licht ist kostbar im Mittelalter. In den klösterlichen Schreibstuben stehen die Pulte der erfahrensten und besten Mitarbeiter in den hellsten Ecken, nahe den Fenstern. Manchmal entbindet ein Abt die Kopisten und Maler, Rubrikatoren und Forscher von den Gebeten zur Terz, Sext und Non, damit sie das volle Tageslicht ausnutzen können. Zu mühsam ist es, im Schein von Öllampen auf Pergament zu schreiben, manch einer hat sich schon die Augen verdorben, und Brillen wird es erst hundert Jahre später geben.
Zur Qual wird die Arbeit, wenn an einem kühlen Morgen und an Wintertagen trotz der dicken Strohteppiche die Kälte von den Füßen bis zu den Händen aufsteigt, wenn die Finger so klamm sind, daß sie Lineal und Radiermesser, Feder und Pinsel nicht mehr halten können und sogar das Tintenhorn einfriert.
Das Skriptorium des Rupertsbergs, in dem die Nonnen arbeiten, ist »nicht prunkvoll, aber stattlich und geräumig« wie alle Gebäude der Abtei. »Und gehorsam dem Apostelwort: Wer nicht arbeitet, soll auch nicht essen, widmen sie sich an Werktagen in geeigneten Räumen dem Abschreiben von Büchern.«[1] Vielleicht sind die vielen Fenster schon verglast, und vielleicht hat Hildegard bei der Planung des Klosters daran gedacht, die Schreibstube über der Küche anzulegen, um die Kaminwärme zum Heizen zu nutzen.
In der Rupertsberger Schreibstube ist viel zu tun. Neben gelehrten Texten, der Bibel und Fach- und Gebetsbüchern müssen die Frauen die zahlreichen Briefe kopieren, die ihre Magistra verfaßt und empfängt. Ihr Sekretär Volmar plant seit längerem, eine Art »geistliches Briefbuch« herauszugeben. In Arbeit ist gerade ein Prachtband des Buches »Wisse die

ad exponendum. ⁊ indocta ad scribendum ea dic ⁊ scribe illa nō sedm os hominis· nec sedm intellectum humane ad inuentionis nec sedm uoluntate humane compositionis s; sedm id quod ea in celestib; desup in mirabilib; dī uides ⁊ audis· ea sic edisserendo pferens· quemadmodum ⁊ auditor uerba pceptoris sui percipiens· ea sedm tenore locutionis illi· ipso uolente· ostendente· ⁊ papiente ppalat· Sic g ⁊ tu ó homo· dic ea q̃ uides ⁊ audis· ⁊ sc̃be ea non sedm te· nec sedm aliū hominem s; secundū uoluntate scientis uidentis· ⁊ disponentis omnia in secretis misteriorum suorum· Et iterū audiui uoce de celo michi dicente· Dic g mirabilia hec· ⁊ scribe ea· hoc modo edocta· ⁊ dic·

Ecce quadragesimo tercio temporalis cursus mei anno cum celesti uisionis magno ti̅more ⁊ tremula intentione inhererem· uidi maximū splendore· in quo facta ē uox de celo ad me dicens· O homo fragilis ⁊ cinis cineris ⁊ putredo putredinis· dic ⁊ scribe q̃ uides ⁊ audis· Sed quia timida es ad loquendū ⁊ simplex

Factum ē in millesimo centesimo quadragesimo pmo filii dī ihū xp̄i incarnationis anno· cū q̃draginta duoȝ annoȝ septe q; insum eēm maxime coruscationis igneū lumē apto celo ueniens totū cerebrū meū tr̃sfudit· ⁊ totū cor totūq; pectus meū uelut flamma nō tam ardens s; calens ita inflammauit· ut sol rem aliquam calefacit· sup quam radios suos ponit· Et repente intellectum expositionis libroȝ uidelicet· psalterii euuangelii ⁊ alioȝ catholicoȝ tam ueteris quam noui testamenti uoluminum sapiebam· nō aut̃ interpretationem uerboȝ textus eoȝ nec diuisionē

Der Wiesbadener Codex aus dem 12. Jahrhundert illustriert die Vorrede zu Hildegards erstem Visionsbuch »Wisse die Wege« mit einer prächtigen Initiale und einem Bild der »Seherin«. Ein fünffach züngelnder Strahl, der das Dach der Klosterzelle durchbricht, erleuchtet sie. Der Mönch Volmar lauscht der göttlich inspirierten Frau, die ihre Schauungen niederschreibt: »Und es geschah in meinem 43. Lebensjahr…«.

Jetzt ist die laue, weibische Zeit

Wege«. Seine zweihundertfünfunddreißig Pergamentblätter in Großfolioformat werden sehr sorgfältig und fast ohne die üblichen Kopistenfehler geschrieben sein. Auch die siebenundzwanzig reich verzierten Initialen, mit denen jede Beschreibung einer neuen Vision beginnt, bezeugen die hohe Kunstfertigkeit im Nonnenkonvent.

Einer Herausforderung besonderer Art stellen sich die Miniaturmaler und -malerinnen. Sie wollen in Bilder verwandeln, was Hildegard geschaut und aufgeschrieben hat. Sie entscheiden sich, nur die Beschreibung des Geschauten und nicht seine Deutungen abzubilden, bis ins kleinste Detail, bis sie an die Grenzen ihres Mediums stoßen.

Durch diese kluge Selbstbeschränkung gelingen erstaunliche Illustrationen, die mit fünfunddreißig Deckfarben und mit Gold und Silber aufs Pergament gezaubert werden. Möglicherweise arbeiten an den Bildern Mönche aus den bekannten Malschulen der Männerklöster St. Matthias in Trier und in Echternach mit, deren Äbte große Verehrer Hildegards sind.

Die Vision erscheint in diesen Bildern ganz gegenwärtig. Sie führen wie ein Wegweiser durch das Wort, der Leser findet sich leichter zurecht. Das Bild hilft, sich das Beschriebene besser einzuprägen. Die Abbildungen machen Hildegards Schrift auch erstmals Analphabeten und Menschen zugänglich, die Latein nicht so gut lesen können.

Die fünfunddreißig Prachtminiaturen feiern Hildegards Visionen. Sie spiegeln ihre Freude an Licht und Farbe wider, die das Schönheitsempfinden des Mittelalters stark prägt. Das Licht einzufangen und durch ein Gitterwerk von Strukturen in den Innenraum zu holen, wird das Ziel der Gotik sein. Etwas von diesem neuen »Zeitgeist« durchweht bereits die Bilder, die Hildegard schaut. Die Bildtafeln der »Chöre der Engel« oder des »Weltalls« erinnern an die Rosettenfenster gotischer Kathedralen.

Dieser Kodex enthält wahrscheinlich die einzige zu ihren Lebzeiten angefertigte und überlieferte Darstellung der Autorin. Trotzdem zeigt dieses Porträt nicht, wie Hildegard wirklich aussah. Kein Individuum ist abgebildet, sondern die Prophetin, erleuchtet von dem rotflammenden Heiligen Geist. Sie begegnet uns wieder in der typischen Arbeitssituation, die Wachstafel auf den Knien und den Schreibgriffel in der Hand, während Sekretär Volmar lauschend den Kopf in die Arbeitszelle streckt. Bis heute zeigen künstlerische Darstellungen Hildegard fast immer als schreibende Frau, die einen Schreibgriffel, eine Feder oder eines ihrer Bücher in Händen hält. Die Äbtissin Hildegard hat die Arbeit zur Bebilderung des Kodex nicht direkt angeleitet, den Fortgang der wundervollen Arbeit aber vielleicht beobachtet. Das mag ihr ein kleiner Trost gewesen sein, als neue Konflikte in der Frauengemeinschaft aufbrechen:

»In einer wahrhaftigen Schau erblickte ich mit großer Sorge, wie die Luftgeister wider uns kämpften. Und ich sah, daß diese Geister einige meiner Töchter durch verschiedene Eitelkeiten wie in einem Netz verstrickt hatten. Nach einer Offenbarung Gottes ließ ich sie das erkennen und gab ihnen durch Worte der Heiligen Schrift, durch die Zucht und Regel und den guten klösterlichen Wandel, Sicherung und Schutz. Doch einige von ihnen sahen mich finsteren Blickes an, sprachen insgeheim böse von mir und sagten, sie könnten das unausstehliche Gerede über die reguläre Disziplin, mit der ich sie zügeln wollte, nicht mehr ertragen. Aber Gott schickte mir Trost in anderen guten und weisen Schwestern, die mir in allen meinen Leiden beistanden.«[2]

Ihre leid- und liebevollen Erfahrungen mit den Menschen verarbeitet Hildegard in einem neuen Buch. Im Jahre 1158 beginnt sie die Visionsschrift »*Liber vitae meritorium* – Buch der Lebensverdienste«. Der Übersetzer Heinrich Schipperges wählte den Titel »Der Mensch in der Verantwortung«, weil das Buch eine Sittenlehre ist. Hildegard fragt darin:

»Ob man sich wohl auch nur einen Menschen auf der Welt denken könnte, der nicht das Wissen um Gut und Böse hätte?

Keinen einzigen! Mit seinem Wissen um Gut und Böse besitzt der Mensch die Gottesliebe und die Gottesfurcht. Mit beiden Fähigkeiten nehme er seinen Pflug in die Hand und lasse seinen Acker fruchtbar werden. Er gehe allem Unkraut aus dem Weg, und rotte aus, und er werde nicht lässig bei solcher Arbeit.«[3]

Wieder steht ihr der treue Volmar zur Seite, und ein Mädchen hat den Platz der verstorbenen Richardis eingenommen. Als sie das neue Buch beginnt, ist Hildegard krank, das »Gefäß meines Leibes« wird »wie in einem Ofen gekocht«. Sie erlebt diese Leidenszeit als neuerliche Prüfung: »Wären die Schmerzen, die ich an meinem Leib erlitt, nicht von Gott gekommen, ich hätte nicht länger zu leben vermocht.«[4]
Drei Jahre quält sie diese Krankheit, die ein erstes Zeichen des Alters sein kann oder noch eine körperliche Reaktion auf die aufreibenden letzten Jahre. Trotz der anhaltenden Schmerzen schreibt Hildegard weiter, eine Besessene mit einem großen Plan vor Augen. Eine »trinitarische Trilogie« will sie schaffen, in drei Schriften den dreieinigen Gott preisen. Ihr Erstlingswerk »Wisse die Wege« stand für Gottvater, es war eine Glaubenskunde. Die neue Schrift, die Lebenskunde, will sie dem Sohn widmen und die letzte dann, die Weltenkunde, dem Heiligen Geist. Die Sechzigjährige wagt, so weit zu denken! Mit beiden Beinen steht sie auf der Erde, doch ihre Hände ragen in den Himmel.

Trotz der Schmerzen, trotz der zeitraubenden Schreibarbeit bricht Hildegard zum ersten Mal zu Predigtreisen auf. Die Posaune Gottes ertönt nun auch außerhalb der Mauern des Rupertsbergs. Sie reist zu anderen Klöstern »und lehrte dort mit Worten, die Gott mir geboten hatte.«[5]
Das Laienrecht zu predigen ist eine im 12. Jahrhundert immer wieder erhobene Forderung. Und Hildegard ist strenggenommen auch ein »Laie«, denn sie hat kein Priesteramt inne. Aber sie nimmt sich dieses Recht, weil sie »vom göttlichen Geist nicht nur angetrieben, sondern genötigt wird« zu reisen. Ihr

Prophetenamt verleiht ihr die Macht, wieder einmal so zu handeln, wie sie es für richtig hält. Auch Bernhard von Clairvaux und andere Mönche zogen damals predigend durch die Lande.
Hildegard untersteht auch als Äbtissin einer außerklösterlichen Instanz, nämlich dem Erzbischof von Mainz. Dieser muß ihre Reisen zumindest geduldet haben. Die Klausurvorschriften für Frauenklöster sind noch nicht so streng wie in späteren Zeiten. Auch die Benediktsregel sieht vor, Brüder und Schwestern »auf Reisen zu schicken«, und verpflichtet das Kloster, »beim letzten Gebet des Gottesdienstes... immer allen Abwesenden« zu gedenken.[6]
Die öffentliche Predigttätigkeit Hildegards ist zweifellos ein »moderner Zug im Leben dieser großartigen Frau«.[7] Er paßt zu Hildegard. Doch was als folgerichtiger Schritt in ihrem Leben erscheint, könnte auch ein Trugbild sein.
Die »Vita« zählt einige Orte auf, zu denen die Prophetin Hildegard »ging und der Geistlichkeit und dem Volke den Willen Gottes kundtat«, ob in einer Kirche oder auf freien Plätzen, bleibt offen. Die großen Städte Köln, Trier, Metz, Würzburg und Bamberg werden genannt und neben dem Disibodenberg noch vierzehn weitere Orte und Klöster.[8]
In diese wirre Aufzählung haben erst spätere Biographen Ordnung gebracht. Die entferntesten Orte schauten sie sich an und arbeiteten dazu Reiserouten aus. Auf dem Main und Rhein bestiegen die Reisenden Segelschiffe oder Boote, die von Uferwegen aus an Tauen gezogen, getreidelt wurden. Im Reisewagen, zu Fuß und zu Pferd schaffte eine Reisegruppe zwanzig bis dreißig Kilometer am Tag. Hildegard war eine erfahrene Reiterin, denn für einen langen, ermüdenden Ritt empfahl sie, »sich zwischendurch um... Füße und Schenkel (zu) kümmern und sie durch Beugen und Strecken in Übung zu halten.«[9]

Erstmals erwähnt ein Buch über »Das Leben und Wirken der heiligen Hildegardis« aus dem Jahre 1879 drei größere Reisen der Seherin.[10] Im Laufe der Zeit wurden daraus vier Predigt-

Jetzt ist die laue, weibische Zeit

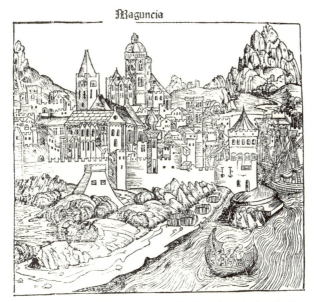

Hildegard unterstellte ihr Kloster dem Erzbischof von Mainz. In die Domstadt am Main soll auch ihre erste Predigtreise geführt haben.

reisen, die inzwischen mit genauen Zeitangaben in keiner Hildegard-Biographie fehlen: Auf die »Apostolische Mainfahrt« von Mainz bis ins fränkische Bamberg (1158–1161) folgte eine Reise nach Trier und bis Lothringen (1160). Nur ein Jahr (1161–1163) später soll sie nordwärts auf dem Rhein bis Werden gekommen sein, wobei sie in Köln ausstieg, um öffentlich zu predigen. Die vierte und letzte Reise (1170 oder 1171) führte dann in schwäbische Klöster, auch ins Kloster Zwiefalten, dessen Schreibstube einen wichtigen Kodex mit Hildegard-Briefen angefertigt hat.

Die Quellenlage ist mehr als dürftig, außer der »Vita« gibt es keine historischen Belege. Selbst die Jahrbücher vieler Klöster, die Hildegard besucht und in denen sie auf ihren Reisen übernachtet haben soll, schweigen, obwohl große Ereignisse sonst sorgfältig festgehalten werden. Und der Besuch dieser Äbtissin im 12. Jahrhundert wäre ohne Zweifel ein großes Ereignis gewesen.

Die historische Unsicherheit betrifft auch die großen Predigten. Es könnten auch Ansprachen Hildegards im Kapitelsaal oder Abhandlungen zu Glaubensfragen sein, die zu Briefen umgearbeitet wurden. Ein Kreis schließt sich, denn diese Briefe bezeugen wiederum ihr öffentliches Auftreten gerade in Köln und Trier.

Das Bild der Predigerin erscheint wieder: ein Kirchenschiff, das von Menschen überquillt, ein Platz vor einer Kirche. Vor dem Portal oder unter einem Marktkreuz steht eine Frau in fast biblischem Alter, gekleidet in die dunkle Nonnentracht. Den Äbtissinnenstab in der Hand, schleudert sie zornige Worte in die Menge.

Gegen die Katharer stellt sich Hildegard, das ist unbestritten. Ihre Texte sprühen nur so vor Wut und Eifer, dieser Irrlehre den Kampf anzusagen. Vielleicht ist es ihr besonders wichtig, als Frau zu Frauen zu sprechen. Denn diese Bewegung, die der Nachwelt das deutsche Wort »Ketzer« beschert, zieht Frauen besonders in ihren Bann.

Die Waldenser und Katharer, die von Frankreich aus im 12. Jahrhundert einen Siegeszug antreten, bieten den Frauen eine sehr unangepaßte, neue Lebensweise. Sie können mit den Männern durchs Land ziehen. Die Katharer nehmen Frauen nicht nur als Sympathisanten auf, sondern als Eingeweihte. Sie dürfen predigen und Sakramente verwalten, und das sind Rechte, die die katholische Kirche keinem Laien und schon gar keiner Frau zugesteht – bis heute. Die Dirne genauso wie die Dame aus dem Hochadel schließt sich den neuen Gruppierungen an, weil sie am religiösen Leben teilhaben wollen. Die große Gottessehnsucht, die sich in allen Armutsbewegungen ausdrückt, ist auch eine Antwort auf eine korrumpierte Welt, auf ein Europa, das in blutige Kreuzzüge verwickelt ist, und auf die Sattheit der Kirche.

Die Katharer sind davon überzeugt, daß der Schöpfer dieser Welt nicht Gott sein kann. So schrecklich geht es auf Erden zu, daß es einen Gegengott geben muß. Für einen Katharer ist Gott nur als reine Lichtexistenz vorstellbar, außerhalb des geschaffenen Kosmos. Auf diesen außerweltlichen Gott bezieht

sich der »reine Mensch«, genau das bedeutet das Wort »Katharer«. Er zieht sich aus der Welt zurück, verweigert den sexuellen Verkehr und heiratet nicht, um die unglückliche Existenz auf dieser Erde nicht weiterzugeben. Die Schöpfung als Werk Gottes und die Menschwerdung Christi, Grundlagen des katholischen Glaubens, haben in diesem Denken keinen Platz.
Ein größerer Widerspruch zu Hildegards Welt- und Gottesbild ist kaum vorstellbar. Ihre Schauungen, ihre Lehrvisionen sind sogar ein »ganzheitlicher Gegenentwurf« gegen diese Zeitströmung. »Gott kann nicht geschaut werden, sondern wird durch die Schöpfung erkannt«, sagt Hildegard, »so wie auch der Leib des Menschen seiner Kleider wegen nicht gesehen werden kann.«[11]
Die Zweiheit von Geist und Materie, Gott und Welt ist für sie unvorstellbar. Den Menschen als Werk und Abbild Gottes sieht sie immer als ein Wesen mit Leib und Seele. Wo Böses herrscht, hat er falsch entschieden. Der Mensch allein ist verantwortlich, er muß seine Augen offenhalten, sehen und sich sein Leben lang zwischen Gut und Böse entscheiden. Und er ist Teil der Schöpfung, die alles umfängt. Deshalb klagt sie die Katharer so heftig an:

»Der Teufel ist bei diesen Leuten. Er sagt sich: ›Gott liebt die Keuschheit und Enthaltsamkeit. Das will ich bei diesen Menschen nachäffen.‹ Und so bläst der alte Feind durch die Geister der Lüfte sie an, daß sie sich der Unzuchtsünden enthalten. Daher lieben sie die Weiber nicht, sondern fliehen sie. So werden sie sich nach außen, vor den Menschen in aller Heiligkeit darstellen und spöttisch sagen: ›Die anderen, die vor uns die Keuschheit besitzen wollten, dörrten aus wie ein gebratener Fisch. Uns aber wagt keine Besudelung des Fleisches und der Begierlichkeit anzutasten, denn wir sind Heilige und vom Heiligen Geist durchströmt‹. Auf diese Weise angeln sie sich die Weiber und fangen sie in ihren eigenen Irrtum ein. Im Hochmut ihres aufgeblähten Geistes behaupten sie: Wir übertreffen alle. Und hinterher treiben sie doch insgeheim mit jenen Wei-

bern Wollust. So kommt ihre Verdorbenheit und ihr Sektenwesen offen ans Tageslicht.
Ich aber, der Ich bin, sage: Also wird die Schlechtigkeit, die das Böse reinigen wird, über euch kommen, wie geschrieben steht: ›Und er machte Finsternis zu seinem Versteck, rings um sich her zu seinem Zelt Wasserdunkel und dichte Wolken der Lüfte‹. Denn Gott hat Strafe angesetzt für eure bösen, lichtlosen Werke...«[12]

Die gewaltigen Worte dieser Frau erregen Aufsehen. Eine Prophetin spricht, eine Heilige. Menschen wollen sie berühren, um geheilt zu werden. Die Menge auf dem Platz vor der Kirche ist fanatisiert. Einige rufen: Tötet die Satansbrut!
Das Bild löst sich auf: Keine Augenzeugenbericht sind überliefert, keine Chronik hält ihre öffentlichen Predigten, ein solches Jahrhundertereignis, fest. Ist das Bild tatsächlich falsch, das Menschen sich später von Hildegard machen wollen: eine Frau, die auf Plätzen Reden hält? Zuzutrauen ist es ihr! Aber warum schweigt sie selbst dazu?

Im Jahr 1163 beendet Hildegard nach fünfjähriger Arbeit ihre zweite Visionsschrift. Doch das lebendige Licht weicht nicht, gönnt ihr keine Pause. Sie erbebt, als sie den neuen Befehl vernimmt:

»Armes Wesen, du Tochter vieler Mühsal... Dich hat trotz allem die Tiefe der Geheimnisse Gottes durchströmt. Übermittle du zum Nutzen der Menschen mit festhaltender Schrift, was du mit inneren Augen siehst und mit den inneren Ohren deiner Seele vernimmst. Die Menschen sollen dadurch ihren Schöpfer erkennen lernen und sich nicht länger weigern, ihn in Ehrfurcht würdig anzubeten. Deshalb schreibe es auf, nicht wie dein Herz es möchte, sondern wie mein Zeugnis es will, der ich ohne Anfang und Ende des Lebens bin. Diese Schau ist nicht von dir erfunden, noch von einem anderen Menschen je ersonnen, sondern ich habe das alles vor Beginn der Welt festgesetzt.«[13]

Mit »zitternder Hand« legt die Fünfundsechzigjährige wieder die Wachstafeln bereit und nimmt den Schreibgriffel in die Hand. Ihre Arbeit ist noch nicht getan. Ihr reifstes Werk fordert noch einmal alle Kraft, die ganze Frau. Die Kosmosschrift »Welt und Mensch« entsteht. Als Theologin liefert sie damit auch eine umfassende Streitschrift gegen die Katharer, vielleicht deshalb diese Eile. Ohne Pause schreibt sie an diesem Werk.

Das Klosterleben auf dem Rupertsberg verläuft geordnet. Die Auseinandersetzungen haben den Konvent gereinigt. Fünfzig Nonnen leben nun friedlich zusammen. »Die gottgeweihten Dienerinnen ehren in einmütiger Gesinnung Gott durch ihre Hingabe, sich selbst durch ihre Zucht, sich gegenseitig durch Ehrerbietung und Gehorsam mit solchem Eifer, daß ihnen durch die Hilfe Christi wahrhaftig der Sieg des schwachen Geschlechtes über sich selbst, über die Welt und den Teufel zum herzerfreuenden Schauspiel geworden ist«, so beschreibt der spätere Sekretär Wibert seine neue Bleibe. Die »Mutter und Führerin einer so großen Heerschar verschwendet sich in Liebe an alle. Die lasterhafte Überheblichkeit, die so häufig aus einer Ehrenstellung entspringt, zertritt sie durch das Gewicht ihrer Demut.«[14]

Materielle Sorgen und Nöte hat Hildegard nicht mehr. Für alle Schwestern sind die Ausgaben für Kleidung und Nahrung gesichert. In zweiundzwanzig Ortschaften – die wenigsten liegen in der nächsten Umgebung – besitzt der Rupertsberg stattliche Eigengüter, die das Kloster selbst oder durch Pächter bewirtschaftet. In zwölf Ortschaften verzeichnen die »Fundationsbücher« Zinsgüter, die Grundzinsen und jährliche Naturalleistungen einbringen. In drei Dörfern zieht das Kloster den Zehnten aus Korn und Wein ein.

Auch der Herrenhof der Edelfreien von Bermersheim, wo Hildegard geboren wurde, gehört seit 1158 zum Klosterbesitz. Hugo, Rorich und Drutwin, Irmengarth, Judda und Odilia haben ihr gesamtes Erbe, das Elternhaus und die Ländereien, dem Kloster ihrer berühmten Schwester vermacht.

Hildegard ist eine vorausschauende Frau. Sie hat Friedrich I. um einen kaiserlichen Schutzbrief für ihr Kloster gebeten. Barbarossa entspricht dem »Antrag und (der) Bitte der ehrwürdigen Frau Äbtissin Hildegard«, die hier zum ersten Mal *abbatissa* genannt wird. Im Jahre 1163 stellt er ihrem Kloster eine Schutzurkunde aus. Darin gewährt ihr Friedrich I. keine neuen Rechte, er bestätigt aber die unabhängige Rechtsstellung des Rupertsberger Klosters von höchster weltlicher Seite. Der Kaiser erklärt noch einmal, niemand dürfe sich Vogteirechte anmaßen, und kein Reichsbeamter fordere gegen den Willen der Äbtissin und der Nonnen Abgaben von den Klosterbesitzungen. Seine besondere Fürsorge für Hildegards Kloster bestätigt er durch das kaiserliche Siegel, und er unterschreibt mit seinem Monogramm. Die ersten der Zeugen sind neun Erzbischöfe, die Reihe der weltlichen Herrscher führt Heinrich der Löwe, der Herzog von Bayern und Sachsen an. Auf ihn folgen Grafen und Ministerialen. Die Urkunde wird im elften Königsjahr und achten Kaiserjahr von Barbarossa in Mainz ausgestellt.

Seit der Herrscher im Jahre 1152 gewählt worden war, hatte Hildegard ihn beobachtet. Auf ein erstes Huldigungsschreiben nach seiner Wahl zum König folgte wahrscheinlich ein Treffen in der Kaiserpfalz in Ingelheim. Der Inhalt ihrer Unterredung ist nicht überliefert, aber Barbarossa schrieb Hildegard später: »Wir machen Deiner Heiligkeit bekannt: Das, was du vorausgesagt hast, als wir dich gebeten hatten, vor uns zu erscheinen, halten wir bereits in Händen. Aber trotzdem werden wir nicht aufhören, in allen Unternehmungen uns für die Ehre des Reiches abzumühen.«[15]
Auch Friedrich I. strebte weiterhin die Herrschaft über die Kirche an. Im Jahre 1155 verweigerte er dem Papst den Marschalldienst, er hielt Hadrian IV. den Steigbügel seines Pferdes nicht. Nach dem Tod dieses Papstes begann 1159 ein achtzehnjähriges Schisma: Friedrich stellte einen ersten Gegenpapst auf, die Kirche ist gespalten, und der Riß geht mitten durch das Reich. Lange hatte Hildegard gewartet, bevor sie Stellung

Jetzt ist die laue, weibische Zeit

Kaiser Friedrich I. Barbarossa und seine Söhne, der spätere Kaiser Heinrich VI. (links) und Friedrich, Herzog von Schwaben.

bezog. Sie hatte abgewartet, bis sie die kaiserliche Schutzurkunde in Händen hielt. Eine kluge Entscheidung, denn dieses Dokument bewahrt ihr Kloster vor den Zerstörungen, die kaiserliche Truppen im Erzbistum Mainz anrichten, als sie gegen den papsttreuen Erzbischof und sein Gefolge ins Feld ziehen. Auch spätere Fehden verschonen die Abtei. Erst im Jahre 1632, im Dreißigjährigen Krieg, werden schwedische Soldaten das Kloster auf dem Rupertsberg in Brand setzen. Als Hildegard den Schutzbrief von Barbarossa besitzt, hat sie nichts mehr zu verlieren. Sie warnt jetzt den selbstherrlichen Imperator – natürlich legitimiert durch ihr Prophetenamt:

»O König, es ist dringend notwendig, daß du in deinen Handlungen vorsichtig bist, ich sehe nämlich in der geheimnisvollen Schau wie ein Kind einen unsinnig Lebenden vor den lebendigen Augen (Gottes). Noch hast du Zeit, über irdische Dinge zu herrschen. Gib acht, daß der höchste König dich nicht zu Boden streckt wegen der Blindheit deiner Augen, die nicht richtig sehen, wie du das Zepter zum rechten Regieren in deiner Hand halten mußt. Darauf hab acht: Sei so, daß die Gnade Gottes nicht in dir erlischt.«[16]

Als der Kaiser vier Jahre später den zweiten Gegenpapst einsetzt, droht die siebzigjährige Nonne ihm sogar Gottes Strafgericht an:

»Der da ist, spricht: die Widerspenstigkeit zerstöre Ich, und den Widerstand derer, die Mir trotzen, zermalme Ich durch Mich selbst. Wehe, wehe diesem bösen Tun der Frevler, die Mich verachten. Das höre, König, wenn du leben willst! Sonst wird Mein Schwert dich durchbohren.«[17]

Friedrich I. ängstigt dieser Brief wohl kaum, er weiß andere, große Heilige auf seiner Seite. Er hat Karl den Großen, in dessen Nachfolge er sich sieht, im Jahr 1165 vom zweiten Gegenpapst heiligsprechen lassen. Und in Italien haben seine Mannen nicht nur Mailand, sondern auch die Gebeine der Heiligen Drei Könige erobert, die er 1164 nach Köln überführt hat. Noch heute künden im Rheintal Wirtshausnamen von diesem einmaligen Ereignis: Viele »Drei Kronen«, »Drei Könige«, »Zum Sternen« oder »Zum Mohren« säumen die damalige Reiseroute. Die drei Weisen sind durch ihre Nähe zum göttlichen Kind ein Sinnbild für das von Gott eingesetzte Königtum. Ihre königliche Heiligkeit strahlt auf Friedrich I. zurück. Dagegen kann eine drohende alte Äbtissin nichts ausrichten.
Hildegard – das zeigt ihr Verhalten gegenüber Barbarossa – erwägt Vor- und Nachteile eines politischen Urteils. Sie ist zu klug, um nicht zu sehen, daß direkte politische Ratschläge, Parteinahmen für Adelsfamilien oder Stadtherren sie in Machtkämpfe hineinziehen würden, die wirklich noch mit Schwert und Feuer und nicht selten bis zum Tod geführt werden.

Doch warum sagt sie kein Wort zu den Kreuzzügen und kein Wort zu den Judenverfolgungen, die 1096 und 1147 in den Städten am Rhein toben? Nach den Aufrufen zur Fahrt ins Heilige Land schlachteten fanatisierte Gläubige die Juden ab, Kreuzfahrerhorden zwangen in Mainz die Jesusmörder zum Selbstmord, und in Worms, Bingen und Speyer zerstörte der Pöbel blühende jüdische Gemeinden. Von den Pogromen im Rheinland muß Hildegard gewußt haben. Sie setzt keine öffentlichen, sondern stille Zeichen dagegen. Auf dem Rupertsberg empfängt sie jüdische Gelehrte, um mit ihnen zu disputieren. Der jüdische Glaube ist für Hildegard keine Teufelsreligion. Zwar steht auch in ihrer Schrift »Wisse die Wege« die Synagoge hilflos mit verschränkten Armen neben dem Altar. Sie kann die Menschen nicht erlösen, aber sie schwebt auf einer blendendweißen, reinen Wolke und heißt *mater incarnationis*, Mutter der Menschwerdung des Sohnes Gottes. Auch wenn die Juden Christus nicht erkannten, denn »Er zeigt sich als einer, der aß und trank, schlief und sich kleidete, ohne irgendwo einen Fehl zu haben«, sind sie nicht auf ewig verdammt. »Seine Hand wird sehr viele Juden und Heiden mit einer unermeßlichen Heerschar solcher, die erlöst werden müssen, festhalten, bis all seine Wunder vorübergehen.«[18]

Hildegard läßt jedoch alle Zurückhaltung und Diplomatie fahren, wenn es nicht um die Gesellschaft und Sozialkritik, sondern um ihre Kirche geht. Da findet sie klare, harte Worte und schont niemanden, nicht die höchsten kirchlichen Würdenträger, nicht die kleine, gefallene Nonne.

Die Gegenwart, in der sie lebt, begreift Hildegard als Endzeit. Die Kirche blüht nicht mehr, Zerfall macht sich breit, wohin man schaut, und das schafft Raum für den Antichrist. Sie klagt:

»Jetzt ist die laue ›weibische Zeit‹. Oh, oh, Adam war ein unerhörtes Zeugnis jeglicher Gerechtigkeit und die Wurzel allen Menschensamens. Nachher erhob sich in seinem Geschlecht ein ›männlicher‹ Geist, der in drei Gruppen ausging, gleich einem Baum, der sich in drei Ästen verzweigt... Jetzt aber ist dieser Baum verdorrt, und die Welt ist in viele Gefahren gestürzt, denn unsere Zeit blickt zurück in jene Zeit, als das erste Weib bei der Verführung dem ersten Mann zunickte. Dennoch besitzt der Mann mehr Schaffenskräfte als die Frau. Die Frau aber ist ein Quell der Weisheit und ein Quell der Freudenfülle. Beide bringt der Mann zur Vollendung. Wehe, wehe, die gegenwärtige Zeit ist weder kalt noch warm, sondern lau. Darauf wird eine Zeit folgen, die in großen Gefahren, Ungerechtigkeit und Unbändigkeit der Männer Mannskräfte hervorbringen wird. Alsdann wird der Irrtum der Irrtümer wehen, wie die vier Winde, die in großen Gefahren ihren üblen Geruch verbreiten.«[19]

Weibisch nennt Hildegard ihre Zeit, weil die Evaschuld wiederkehrt. Der Antichrist will jetzt den Fall Evas vollenden. Von ihrem Frausein grenzt sie sich mit diesem auf den ersten Blick abwertenden Begriff nicht ab, im Gegenteil. In dieser »weibischen Zeit«, hat gerade die Jungfrauen-Prophetin, die *virgo prophetissa,* einen besonderen Platz und Auftrag.
Die Frau ist zwar schwach, »von zarterer Weichheit« als der Mann, doch das heißt in Hildegards Augen nicht, daß sie kraftlos ist: Das Schwache bringt am Ende das Starke hervor. In ihrer zweiten Visionsschrift »Der Mensch in der Verantwortung« vergleicht sie sogar die Frau und Christus:

»Gott hatte ja den Manne stark geschaffen, schwach aber das Weib, dessen Schwäche die Welt hervorbrachte. Und so ist die Gottheit stark, das Fleisch des Gottessohnes aber schwach, durch das doch die Welt ihr früheres Leben zurückerhält.«[20]

Hildegard ordnet in ihrem Werk der Frau immer wieder die Weisheit zu, eine der sieben Gaben des Heiligen Geistes. In alten christlichen Schriften verkörpert die Weisheitsgöttin Sophia die Mütterlichkeit Gottes. Vielleicht knüpft Hildegard an dieses weibliche Gottesbild an, wenn sie schreibt: »Die

Das unförmige schwarze Haupt, das die Frauengestalt – die Kirche – verunstaltet, symbolisiert den Antichrist. Er gießt den Sinnen der Gläubigen den »übelsten Geruch ein und zerfleischt in grausamer Raubgier die Institutionen der Kirche« – so Hildegard in ihrer Vision vom »Ende der Zeiten«.

Frau bildet gleichsam das Haus der Weisheit, weil in ihrem Wesen das Irdische wie das Himmlische zur Verwirklichung kommt.«[21]

Hildegard stellt sich in ihrer »weibischen Zeit« als Prophetin gegen den Antichrist, sie ist die Jungfrau, die das Marien-Mysterium erneuert: Gottes Wort ist in ihr Fleisch geworden. Hildegard gebiert die Wahrheit. Sie ist auch »die Schwester der Weisheit«, denn wie die Weisheit wird sie mahnen und »immerdar, solange die Erde besteht, ihr Wort an die Welt ergehen lassen.«[22] Durch ihre göttlichen Offenbarungen will sie die Menschen vor den Gefahren der aufziehenden Endzeit warnen, aufrütteln und letztlich erretten. Deshalb geht sie mit dem Klerus so streng ins Gericht. Er ist schuld, wenn Irrlehren um sich greifen, das Volk nicht ihnen, sondern anderen oder keinem mehr glaubt.

»Ihr laßt euch durch jeden daherfliegenden weltlichen Namen lahmlegen. Bald seid ihr Soldaten, bald Knechte, bald Possenreißer. Mit eurem leeren Getue verscheucht ihr bestenfalls im Sommer einige Fliegen.
Ihr müßtet die starken Eckpfeiler sein, die die Kirche stützen wie die Eckpfeiler, welche die Grenzen der Erde tragen. Allein ihr seid zu Boden geworfen und seid kein Halt für die Kirche, sondern flieht in die Höhle eurer Lust. Und wegen eures ekelhaften Reichtums und Geizes sowie anderen Eitelkeiten unterweist ihr eure Untergebenen nicht.
Ihr seid böses Beispiel in den Herzen der Menschen, da das Bächlein guten Rufes von euch nicht ausgeht. Ihr habt keine rechte seelische Einschätzung für das, was ihr essen und womit ihr euch bekleiden sollt, sondern tut böse Werke, weil euch das Gut der Erkenntnis mangelt. Deshalb wird eure Ehre schwinden und die Krone von eurem Haupt fallen.«[23]

Im Jahre 1165 erwirbt Hildegard auf der Rheinseite, die dem Rupertsberg gegenüberliegt, ein verlassenes und zerstörtes Augustinerkloster. Sie läßt die Gebäude wieder aufbauen. Noch im selben Jahr wird die Kirche über den Reliquien des heiligen Giselbert eingeweiht. Ihre zweite Klostergründung bietet dreißig Schwestern Platz. Vielleicht ist eines ihrer Ziele auch, hier endlich Raum für Nichtadlige oder weniger begüterte Frauen zu schaffen, die um Aufnahme bitten, um den Rupertsberg als reines Adelskloster zu erhalten. Das zweite Frauenkloster wird die berühmte Erstgründung auf dem Rupertsberg sogar überdauern. An seinem Platz, im heutigen Rüdesheim-Eibingen, steht die Pfarrkirche mit dem Reliquienschrein der heiligen Hildegard.
Hildegard läßt sich nun zweimal in der Woche in einem Nachen über den Rhein fahren, um ihre Töchter am anderen Flußufer zu besuchen. In der Hand hält sie ihren Äbtissinnenstab. Auf einer dieser Überfahrten nähert sich dem Boot Hildegards ein kleines Schiff, in dem eine Frau mit ihrem blinden Jungen sitzt. Unter Tränen fleht sie die Nonne an, dem Kind ihre »heiligen Hände« aufzulegen. Die Ordensfrau schöpft mit der linken

Hand Wasser aus dem Rhein und segnet es mit ihrer Rechten. Sie spricht keine Zauberformel, sondern das Bibelwort: »Gehe an den Teich Siloe und wasche dich«.[24] Nachdem sie die Augen des Kindes mit dem Wasser besprengt hat, sieht es. Das bekannteste Wunder Hildegards geht von Mund zu Mund. Jahrhundertelang, bis heute, wird es immer wieder abgebildet. Nennen die Leute vom Rhein die Äbtissin seit dieser berühmten »Heilung eines blinden Knaben« die »heilige Hildegard von Bingen«?
Vom Fluß aus muß das Kloster auf dem Rupertsberg wunderschön ausgesehen haben. Eingebettet in die Weinberge, ragt die Klosterburg hoch auf vor dem Rheintal, das sich im Dunst verliert. Den Loreleyfelsen sieht Hildegard von hier aus nicht. Sie schaut nach vorn auf ihr Kloster, bald ist sie daheim. Tiefe Falten haben sich in ihr Gesicht eingegraben. Das Ende des Herbstes zieht herauf.

»Der zehnte Monat gleicht einem sitzenden Menschen. Er eilt nicht mehr in der Vollkraft seiner grünenden Lebensfrische geschwinde dahin und hat nicht mehr die volle Lebenswärme. So faltet sich auch der sitzende Mensch zusammen, um der Kälte zu entgehen. Er zieht sich jetzt ein Kleid über, damit er es warm hat. Das ist ein Beispiel dafür, daß der Mensch, wenn er im Alter zu frieren beginnt, auch weiser wird. Denn der knabenhaften Sitten überdrüssig, stellt er in der Reife des Alters den Wankelmut leichtfertiger und törichter Verhaltensweisen ein. Er meidet die Gesellschaft stupider Leute, die ihn mit ihrer Unwissenheit doch nur täuschen würden. Auch lassen wegen der Alterskälte in ihm die vielfältigen und nun überflüssig gewordenen Gelüste im Fleischlichen nach. So ist auch dieser Monat bei aller Grünkraft nicht mehr ganz angenehm, da infolge der Trockenheit und Kälte die Zweige entlaubt werden. Die Seele aber, geschaffen als ein lebendiger und kluger Geisteshauch aus Gott, der in Wahrheit die Weisheit selber ist, belehrt den Menschen, daß er festhalten soll, was von Gott kommt.«[25]

Noch einmal erkrankt Hildegard schwer. Drei lange Jahre leidet sie, schaut dem Tod ins Gesicht und kämpft erfolgreich dagegen an. Gerade genesen, soll sie im Jahre 1170 zu ihrer letzten Predigtreise aufgebrochen sein. Falls sie das wirklich getan hat, mutet sie sich viel zu. Es ist eine fast unmenschliche Anstrengung angesichts ihres hohen Alters und des letzten großen Werkes, das noch in Arbeit ist.

Ihr Sekretär Volmar ahnt wohl, daß er selbst nicht mehr lange leben wird. Er muß älter als Hildegard sein, wenn er schon in der Klause der Seelsorger der Frauen war. In ihrem Dienst ist er ein Greis geworden. Als Hildegard längere Zeit verreist, klagt er: »Einmal aber wird es nach Gottes Willen geschehen, daß wir dich nicht mehr mit leiblichen Augen sehen. Dann wird unsere Trauer und Not groß sein.«[26]

Doch sie kommt zurück auf den Rupertsberg, wo beide weiter an der letzten Schrift arbeiten. So schwer ist es ihr noch nie gefallen: »Ich konnte kaum damit fertig werden.«[27] Der alte Volmar mahnt Hildegard wie früher, nicht nachzulassen. Unermüdlich richtet er sie auf und ermutigt sie durch seine Begeisterung. Er »kann sich an den Worten der Schau nicht genug ersättigen«[28], bis zu seinem Tode.

Kurz bevor die letzte Schrift Hildegards beendet ist, stirbt Volmar, der über all die Jahre »Mitwisser ihrer Geheimnisse« war. »Da durchbohrte Traurigkeit mir Seele und Leib, weil ich, durch das Geschick des Todes dieses Mannes beraubt, eine Waise in dieser Welt war.«[29]

Hildegard hat nicht vorausgeplant. Vielleicht hat sie den Gedanken nicht zugelassen, Volmar könnte sterben, bevor die letzte Vision niedergeschrieben ist. Kein Nachfolger steht bereit, doch ihr Neffe Wenzelin, Propst von St. Andreas in Köln, und Abt Ludwig von St. Eucharius aus Trier eilen der verehrten Äbtissin zur Hilfe. Nicht nur tröstende Worte finden sie. Tatkräftig unterstützen sie Hildegard, die – gefangen in einer großen Trauer um Volmar – ihr letztes Werk zu Ende bringen muß.

Zum Glück ist die wichtigste Arbeit getan: Volmar hat eine erste Abschrift auf Pergament hinterlassen. Wenzelin und Hil-

degard lesen den Text und bringen noch Verbesserungen und kleine Änderungen an. Ende des Jahres 1173 oder Anfang 1174 haben sie es geschafft: Das letzte Buch der Trilogie liegt vor. Unter zwei Titeln ist es überliefert: »*De operatione dei* – Vom Werk Gottes« und »*Liber divinorum operum* – Das Buch der Gotteswerke«. Hildegards Übersetzer Heinrich Schipperges nennt die Kosmosschrift »Welt und Mensch«.
Weitere zehn Jahre ihres Lebens sind vergangen, seit sie die ersten Worte dieses Werkes in die Wachstafel geritzt hat. Sie wird bald sechsundsiebzig Jahre alt sein. Wie zum Abschied, fast etwas wehmütig, vernimmt die Prophetin eine Stimme aus »dem lebendigen Licht«:

»Diesen Männern, die dem einfältigen Menschen bei der Niederschrift meiner Schauungen halfen und ihn trösteten, werde ich den Lohn für die Mühen schenken...
Und ich armselige Frau, belehrt in dieser Schau, sprach: Schenke all denen, die mir bei diesen Schauungen, die Du mir von meiner Kindheit an eingeprägt hast und an denen ich mich in großer Furcht mühte, den Lohn ewiger Herrlichkeit im himmlischen Jerusalem, so daß sie sich durch Dich ohne Ende in Dir freuen.«[30]

Mitten im Weltenbau steht der Mensch

Die zweite Visionsschrift »Der Mensch in der Verantwortung« und das dritte Buch »Welt und Mensch«

Das Weltentheater ist der Ort des Geschehens. In seiner Mitte steht ein Mann, der »über die Wolken hinaus in den strahlendsten Äther« ragt, seine Füße aber tauchen »in die Wasser des Abgrundes«[1]. Dieser Christusriese nimmt die Gestalt des Kosmos an, er verkörpert die Schöpfung. Diese Schau steht am Anfang von Hildegards zweiter Visionsschrift »Der Mensch in der Verantwortung«.

»Vor seinem Munde ballt sich eine blendendweiße Wolke zu einer Art Posaune zusammen; sie war erfüllt vom Klang einer geschwind aufbrausenden Musik. Jedesmal, wenn der Mann dort hineinblies, sandte sie drei Winde aus: der eine trug eine Feuerwolke über sich, der andere eine Sturmwolke, der dritte eine Lichtwolke.«

Diese Feuerwolke birgt die Tugenden oder Gotteskräfte. Vom Norden her nähert sich eine andere dunkle Wolke, die in dunklen Nebelschwaden die Laster ausspeit. Das im Mittelalter so beliebte Kampfspiel zwischen Tugenden und Lastern kann beginnen.
Der mächtige Mann dreht sich zuerst nach den vier Himmelsrichtungen, dann schweift sein Blick durchs ganze All. So gliedert er die fünf Teile des Buches. Um diesen ruhenden Pol herrscht die Unruhe. Die fünfunddreißig Tugenden treffen ihre Gegner, die Laster, die leibhaftig erscheinen. Allesamt sind sie tier- und menschenähnliche Mischwesen, mit denen die körperlosen Stimmen der Tugenden ein Streitgespräch führen. Wie schon in ihrer Schrift »Wisse die Wege« beschreibt Hildegard zuerst die Gestalten, die sie schaut, und deutet dann Aussehen und Worte. Ist am Ende das Wesen der Laster bloß-

gestellt, erfährt der Leser auch, welche Mittel es gibt, um sich zu läutern und Buße zu tun. Im sechsten Akt schließlich bewegt sich die Mannesgestalt »mit den vier Zonen der Erde«. Es gibt keine Laster mehr, nur noch die Orte der Verdammten und der Seligen werden geschaut.

In den lästerlichen Reden hat Hildegard dem Leben wirklich auf den Mund geschaut. Alle Lebenserfahrung dieser Frau, die keine weltabgewandte versponnene Nonne ist, spürt man, wenn sie mit diesen Sünden abrechnet, die jedem Menschen vertraut sind. Sie findet Bilder, die heute noch wirken. Die Feigheit zum Beispiel hat zwar den »Kopf eines Menschen, aber das linke Ohr ist ein großes Hasenohr und bedeckt das ganze Haupt«. Der Leib gleicht einem »Wurm, einem knochenlosen Weichtier, das in seinem Schlupfwinkel eingeschlossen liegt wie ein in Tücher gewickelter Säugling«. Bebend vor Angst spricht die Feigheit:

»Jedem zum Gefallen will ich leben, damit ich nicht zu kurz komme. Würde ich nämlich mit jemandem streiten, so würde er mich doch sicherlich kleinkriegen... Solange ich unter Menschen weile, will ich in Frieden mit ihnen leben. Ob sie Böses oder Gutes treiben, ich werde schön meinen Mund halten... besser auch, den Mächtigen aus dem Weg zu gehen, als sich gegen sie zu stellen.«

Die Unbeständigkeit kommt in Gestalt eines Menschen daher, der auf die Speichen eines drehenden Rades gebunden ist. In allen Gegenden der Welt jagt sie »verschiedenen Moden der Menschen« hinterher, jegliche feste innere Haltung ist ihr fremd. Sie trägt krauses schwarzes Haar, denn die unbeständigen Menschen wissen »nur krauses Zeug, da sie nicht die rechte innere Sicherheit haben... Ihre Hände sehen aus wie die Vorderpfoten eines Affen. Da sie wähnt, den Ruhm der Klugheit zu besitzen, wo sie doch nur in ihrer Torheit dahertapst.« Dabei soll der Mensch vorplanen, »was ihm bekommt«, mahnt die Beständigkeit, »du stürzest in die See, und die Leiter, die zum Himmel steigt, hast du nicht bemerkt.«

Die ganze Schrift ist ein einziger Aufruf zum sittlichen Handeln. Der Weltschmerz und der Hochmut, der Stumpfsinn und die magische Kunst, die Verschlossenheit und Engherzigkeit sind einige der fünfunddreißig Laster, die Hildegard anprangert. Alle bedeuten sie »Entzug aus der Verantwortlichkeit, Halbheit der Haltung und Flucht vor der eigenen Lebensgestaltung«. Doch der Mensch kann sich »im Rad seines Gewissens frei entscheiden, zu welcher Seite er sich neigen will.« Richtschnur jedes Handelns kann das Maß sein, diese Mutter aller Tugenden, die nicht nur die Benediktsregel und Hildegard selbst prägt. Das ganze Hochmittelalter lobt und sucht die Mitte, das rechte Maß, das auch die höfischen Troubadoure besingen.
Die Maßlosigkeit sieht die Visionärin als einen Wolf, der mit gekreuzten Beinen dahockt und darauf lauert, alles an sich zu reißen. Denn »was immer ich wünschen und suchen kann, will ich auch genießen, ich habe keine Lust mich zu erhalten. Wie ich geartet bin, so lebe ich mich auch aus.« Ihr antwortet das Maß:

»O du Spionin im Hinterhalt! Du benimmst dich wie die jungen wilden Tiere, die noch kein Maß kennen. Alles nämlich, was in der Ordnung Gottes steht, antwortet einander. Die Sterne funkeln vom Licht des Mondes, und der Mond leuchtet vom Feuer der Sonne. Jedes Ding dient einem Höheren, und nichts überschreitet sein Maß. Du aber nimmst weder auf Gott Rücksicht noch auf seine Geschöpfe. Du hängst in der Luft wie eine leere Scheide, die im Wind baumelt. Ich aber wandle auf den Pfaden des Mondes und in den Bahnen der Sonne.«

Der Mensch hat nicht nur eine Verantwortung für sich selbst, jede Entscheidung hat auch eine soziale Dimension. Ja selbst den Kosmos bringt er durch seine Taten in Unordnung.

»Und ich hörte, wie sich mit einem wilden Schrei die Elemente der Welt an jenen Mann wandten. Und sie riefen: Wir können nicht mehr laufen und unsere Bahn nach unseres Meisters Bestimmung vollenden. Denn die Menschen kehren uns mit ihren schlechten Taten wie in einer Mühle von unterst zu oberst. Wir stinken schon wie die Pest und vergehen vor Hunger nach der vollen Gerechtigkeit.«

Solche Bilder erklären zum Teil die Faszination, die Hildegard von Bingen in der heutigen Zeit wieder ausübt. Ein Umdenken hat eingesetzt, die Umwelt wird zunehmend wieder als »Mitwelt« begriffen. Denn wenn die Natur stirbt, die Umwelt zerstört ist, stirbt auch der Mensch. Eine Erkenntnis, die angesichts stattgefundener und drohender Umweltkatastrophen hoffentlich nicht zu spät kommt und zum positiven Handeln führt. Nicht ein plattes Zurück zur Natur wird angemahnt, sondern eine neue »Öko-Ethik«, die auch von einer lebendigen Verbundenheit alles Seins ausgeht. Und für dieses Einssein von Mensch und Natur hat Hildegard sehr plastische Bilder gefunden.

Die Verflochtenheit des Menschen im Kosmos und die Verantwortung des »Werkes Gottes« für seine Werke ist auch das zentrale Thema ihres dritten Buches, der letzten großen Schrift »Welt und Mensch«. Ein Kodex aus dem 12. Jahrhundert und zwei Abschriften aus dem 13. Jahrhundert sind überliefert, von denen der sogenannte Lucca-Kodex kostbare Bildtafeln enthält. Sie veranschaulichen die zehn Visionen, in denen Hildegard »vom Wirken Gottes in Welt und Mensch« erzählt.

In der ersten Vision schaut die Seherin den Ursprung des Lebens und findet ihn in der Liebe, die alle Welt ins Leben gerufen hat. Nachdem »der Bau der Welt«, die Sphären und Winde, die Ordnung der Gestirne und der Erde erklärt ist, handelt die dritte Vision von der »Natur des Menschen«, seinen Säften und seinem Stoffwechsel. Wie sich der Makrokosmos in dem Mikrokosmos Mensch widerspiegelt, vom Kopf bis zu den Füßen, zeigt die vierte Vision.

»Mitten im Weltenbau steht der Mensch«[2], seine Arme ausgebreitet im Weltenkreuz. Das Haupt ist das Firmament des Leibes und das Gehirn die Sonne dieser kleinen Welt. Die Augen sind die Sterne und die Brauen die Mondbahn. »Den vier Hauptwinden gleichen im Menschen vier Grundkräfte: das Denken, die Sprache, der Trieb und das Gemüt.«[3] Durch sie entscheidet die Seele, ob sie »Gutes oder Böses« wählt. Doch Gott hat nicht nur die Natur, sondern auch die Zeiten des Jahres »im Menschen vorgebildet«.[4]

Diese vierte Schau endet mit der Auslegung der berühmten Stelle aus dem Johannesevangelium »Im Anfang war das Wort«, durch das Hildegard zu diesem Werk angeregt wurde. Nachdem Gott die Engel geschaffen hatte, schuf er den Menschen:

»Danach sprach Ich Mein kleines Werk, das der Mensch ist, in Mich hinein. Dieses formte Ich nach Meinem Bilde. Jenes Werk habe Ich aus Meiner Vernunft geistig ausgestattet und in ihm Meine Möglichkeiten ausgezeichnet, ähnlich wie der Geist des Menschen in seiner künstlerischen Fähigkeit durch Namen und Zahlen alles begreift.«[5]

In der fünften Vision erscheinen die Stätten der Läuterung, die wie die Erde in verschiedene Zonen aufgeteilt sind (siehe Seite 152). Das dritte Buch erzählt dann in fünf neuen Bildern noch einmal – wie schon in der ersten Visionsschrift »Scivias – die Geschichte des Heiles« bis zum Ende der Zeiten mit seinen Katastrophen und dem Weltuntergang. Doch daraus entsteht ein neuer Himmel und eine neue Erde:

»Alsbald leuchteten alle Elemente in klarster Heiterkeit, als wenn ihnen eine schwarze Haut abgezogen worden wäre. Das Feuer kannte keine Brunst, die Luft keine Verdichtung, das Wasser keine hitzige Wallung, die Erde keine Gebrechlichkeit mehr. Sonne, Mond und Sterne funkelten in voller Leuchtkraft und Schönheit wie der herrlichste Schmuck am Firmament. Und sie standen still, ohne kreisende Bewegung, so daß sie bildeten zwischen Tag und Nacht keine Scheide mehr. Es war nicht mehr Nacht, es war Tag. Das Ende war gekommen.«[6]

Das letzte und für den heutigen Menschen sicher sperrigste Werk der Trilogie beeindruckt auch als gigantisches Unterfangen. Hildegard erschafft ein geschlossenes Weltbild, in dem der Mensch eine Schlüsselstellung einnimmt: »Der Mensch ist die Antwort auf die Welträtsel, wie die Welt die Antwort ist, auf die ewige Frage Mensch.«[7]

Die fünfte Schau:
Die Stätten der Läuterung

Aus der dritten Vision »Welt und Mensch«

»Alsdann sah ich den Erdkreis in fünf Gebiete aufgeteilt: Gott hat den Erdkreis dergestalt inmitten der drei Elemente aufgehängt, daß er nicht zerfließen und sich nicht auflösen kann... Du siehst die Rundung der Erde in fünf Teile zerlegt...
Der östliche Teil leuchtet in großer Klarheit. Dort liegt der Ort der Freuden und Wonnen... Dieser Ort mahnt die Seele, ihr innerstes Angesicht auf den Augenblick des wahren Lichtes zu richten... Das Gebiet im Süden, das in drei Regionen unterteilt ist, hat zwei Grenzzonen voller Peinigungen... In der Region jenes Winkels, der zwischen Osten und Süden liegt, befinden sich die bittersten Strafen der feurigen und stürmischen Luftkräfte und anderer Martern, mit denen die schlimmsten Taten der Mörder, Räuber, Diebe und ähnlicher Leute geprüft werden... Die dritte Zone (mittlerer Teil der südlichen Region) zeigt sich als entsetzlich... durch andere schauderhafte Schrecken. Würde nämlich dieser Ort, wie die beiden anderen von Strafen besetzt sein, dann würden diese in ihrem Übermaß derart überquillen, daß die Wohnstätte des Menschen auf Erden unbewohnbar würde, während nun ob der zahlreichen Schrecken... Mensch und Tier oftmals die Pest und den Früchten Schaden droht, weil die Menschen ihren Seelen nicht den Duft der Tugenden zutragen.
Daß du gegen Osten... eine rote Kugel mit einem saphirblauen Kreis umgeben siehst, bedeutet, daß sich hier der Strafeifer Gottes in seiner ganzen Macht zusammen mit der Gerechtigkeit der Liebe zeigt. Denn obwohl Gott machtvoll genug wäre, Seine Richtersprüche auszuführen, führt Er sie nur in der Ausgewogenheit der Liebe durch.

Gott, der Feuer und Licht ist, belebt den Menschen durch die Seele und Er bewegt ihn durch die Vernunft. So schuf Er auch im Tönen des Wortes die ganze Welt, die des Menschen Wohnstatt ist. Er, der Mensch, ist so mit jedem Wesen schöpferisch am Werke, so wie auch Gott ihn in allem vollkommen gestaltet hat.«[1]

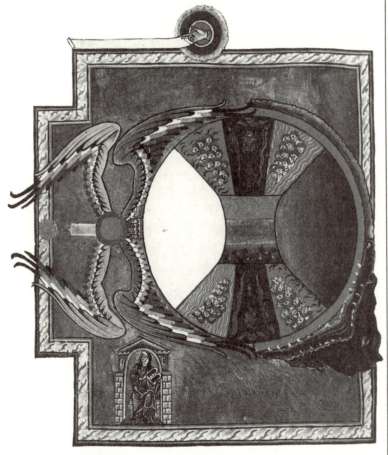

In allen Darstellungen der Schauungen des Werkes »Welt und Mensch« erscheint Hildegard am Bildrand: Sie sitzt in einer Zelle, den Blick nach oben gerichtet, und hält die Wachstafeln in den Händen.

Ihr werdet herrlich strahlen in der Engel Gesellschaft

*Hildegards Lebensabend, der Kirchenbann, ihr Tod
1173–1179*

Das Weltenrad, das Hildegard in ihrem letzten Werk geschaut hat, trägt die Gottheit in ihrer Brust und umfängt es zugleich. Ein Netz von Lichtfäden durchzieht das Rad, ordnet und bindet alles. Die wehenden Winde setzen das Rad in Bewegung, es dreht sich ohne Anfang und Ende, Vollkommenheit, Symbol des Ewigen.
Im Zentrum des Weltenrades ruht die Erde, Heimat der Menschen. Auch sie dreht sich. Das Rad ist auch ein Symbol für das Zeitliche, für Werden und Vergehen, in das der Mensch eingebunden ist. Das Rad des Schicksals ist unaufhaltsam, Jahreszeit folgt auf Jahreszeit, die Lebensalter lösen sich ab.
Aus dem Mädchen Hildegard von Bermersheim ist eine Greisin geworden. In der Zeit, als sie geboren wurde, errichteten Steinmetze noch das Querhaus der Abtei Maria Laach. Die wuchtige Romanik ist inzwischen der himmelstrebenden Gotik gewichen. In Worms und Lübeck wachsen die Dome in die Höhe, und in Paris entsteht das Wunder von Notre-Dame.
Mit sechsundsiebzig Jahren spürt Hildegard die Last des Alters. Der harte und gnadenlose Lebenswinter, das »Elend des Greisenalters«, verschont auch die Prophetin nicht.

»Der elfte Monat kommt gebückt. Er baut die Kälte auf. Keine Sommerfreuden hat er aufzuweisen. Er bringt die Schwermut des Winters. Die Kälte bricht aus ihm heraus, fällt über die Erde und wühlt den Schmutz auf. Dem gleicht der Mensch, wenn er die Knie beugt, damit die Kälte ihn nicht durchdringe. Beugt er so in Trauer seine Knie, dann häuft er in seinem Herzen schmerzvolle Gedanken, hält sich für nichtigen Schmutz und findet nicht mehr den Aufschwung zur Freude.

Aus Furcht vor der Kälte schleppt sich ein solcher Greis, da er seiner eigenen Natur nach kalt geworden ist, mit seinen Gliedern ans Feuer. Deshalb ist dieser Monat, der fern von den Freuden des Sommers seine tristen Tage kalt dahingehen läßt, den Knien des Menschen zu vergleichen, die der Greis voll Schwermut krümmt, wenn er an seine ursprüngliche Lage denkt, da er genauso mit eingekrümmten Knien im Mutterleib wie eingeschlossen dahockte.«[1]

Noch immer hat Hildegard Gesichte. Ihre Seele steigt dann empor »bis in die Höhe des Firmamentes«. Manchmal sieht sie für kurze Zeit wieder »das lebendige Licht«, das sie neu belebt. Dann fühlt sie sich »nicht wie eine alte Frau«, sondern wie ein »einfaches junges Mädchen«[2]. Doch sogar das hellste Licht kann den Winter nicht mehr vertreiben. Sie friert und braucht Decken und Felle.

Die Mitschwestern umgeben ihre alte Äbtissin in den letzten Lebensjahren mit einer besonderen Fürsorge. Eine eigene benediktinische Ordensregel schützt »Greise und Kinder, obwohl der Mensch von Natur aus ... zum Wohlwollen gegenüber diesen Altersstufen neigt. Man nehme immer Rücksicht auf ihre Schwäche; für ihre Nahrung gilt keineswegs die Strenge der Regel, sondern man übe ihnen gegenüber liebevolle Rücksicht, und diese mögen vor den regulären Zeiten essen.«[3]

Noch einmal flackert der alte Streit mit dem Disibodenberg auf, obwohl Abt Helenger vor drei Jahren in einem Brief beteuert hat, der »Zunder des Hasses und der alten Feindschaft«[4] sei abgeschüttelt. Doch jetzt weigert sich der Klostervorsteher, den Mönch Gottfried ziehen zu lassen. Ihn hat Hildegard als Nachfolger Volmars und als Seelsorger für den Rupertsberg ausgewählt. Sie besitzt schließlich dieses Privileg, verbrieft und versiegelt.

Hildegard reitet nicht noch einmal zum Disibodenberg. Sie ist jetzt zu alt, um wieder in den Kapitelsaal zu stürmen und dem Abt Gottes Strafe anzudrohen. Und diesmal ist das wohl auch unter ihrer Würde. Die Klosterfrau wendet sich jetzt direkt an den Papst:

»In bezug auf dieses Recht müssen wir aber stets sorgsam auf der Hut sein, daß es uns nicht irgendwie genommen wird. Denn wenn man uns die gottesfürchtigen und frommen Männer, wie wir sie fordern, nicht zugesteht, wird das klösterliche Leben unter uns völlig zerrüttet.«[5]

Alexander III. bestimmt Hildegards Neffen zum Vermittler zwischen den zerstrittenen Parteien. Propst Wenzelin, der Hildegards Schreiben auch dem Papst übermittelt hat, schafft es, Abt Helenger umzustimmen. Mönch Gottfried kommt auf den Rupertsberg, wo er alsbald das erste Buch der Hildegard-Vita beginnt. In die »Lebensbeschreibung« fließen autobiographische Texte Hildegards zum Beispiel über ihre Kindheit mit ein. Ob sie ihre Erinnerungen schon früher niedergeschrieben hat oder erst mit über siebzig Jahren zu Papier bringt, wissen wir nicht.

Hildegard kann sich nicht lange auf diesen neuen »Stab des Trostes« stützen. Schon nach knapp drei Jahren stirbt Gottfried. Auf dem Disibodenberg lebt kein Mönch mehr, dem Hildegard dieses ihr so wichtige Amt übergeben will – ein ersten Zeichen für den Niedergang des Männerklosters zwischen Nahe und Glan, dessen Blütezeit vorbei ist. Bis in den Sommer des Jahres 1177 teilen sich Hildegards älterer Bruder, Domkantor Hugo, und ein Kanonikus von St. Stephan in Mainz die seelsorgerischen Aufgaben auf dem Rupertsberg. Im Herbst kommt der niederländische Mönch Wibert von Gembloux endgültig in das Frauenkloster. Er wird auch Hildegards letzter Sekretär sein.

Der Wallone Wibert verehrte Hildegard seit Jahren glühend. In den Niederlanden hatte sich damals eine regelrechte »Hildegard-Bewegung« entwickelt, und ihr Werk wurde auch in der Benediktiner-Abtei von Gembloux, die eine der größten Bibliotheken des Abendlandes besaß, mit großer Begeisterung aufgenommen. Wibert wagte es sogar, an Hildegard, diese »Dienerin Christi«, einen sehr neugierigen Brief zu schreiben, den im Sommer 1175 eine Nonne zum Rupertsberg brachte. Der Mönch wollte wissen,

»...ob es wahr ist, was das Gerücht über dich verbreitet: daß deine Visionen, nachdem sie auf dein Geheiß und nach deiner Weisung von den Notaren schriftlich aufgenommen wurden, deinem Gedächtnis entfallen, so daß du dich gar nicht mehr des Gesagten erinnerst. Auch möchten wir wissen, ob du diese Visionen in lateinischer Sprache diktierst oder sie in deutscher Sprache vorbringst und sie ein anderer ins Lateinische überträgt. Auch das möchten wir nicht weniger gern wissen, ob du der Heiligen Schrift durch eifriges Lesen – oder einzig unter Führung der göttlichen Salbung, die ihre Erwählten über alles belehrt – innegeworden bist.«[6]

Erstaunlicherweise antwortete Hildegard dem Unbekannten sehr ausführlich. Ihre Antwort las Wibert in einer Kirche und geriet dabei »fast in Ekstase«. Er hielt wirklich ein außergewöhnliches Dokument in Händen, das er fortan wie einen Schatz hütete: Der berühmte Brief »*De modo visiones suae* – Über die Art meiner Visionen« – ist die reifste, ausführlichste und klarste Beschreibung ihrer prophetischen Gabe und des Lichtes, in dem sich Gott ihr nähert und aus dem Gott zu ihr spricht:

»Das Licht, das ich schaue, ist nicht an den Raum gebunden. Es ist viel, viel lichter als eine Wolke, die die Sonne in sich trägt. Weder Höhe noch Länge noch Breite vermag ich zu erkennen. Es wird mir als der ›Schatten des lebendigen Lichtes‹ bezeichnet. Und wie Sonne, Mond und Sterne in Wassern sich spiegeln, so leuchten mir Schriften, Reden, Kräfte und gewisse Werke des Menschen in ihm auf...
Die Gestalt dieses Lichtes vermag ich aber nicht zu erkennen, wie ich auch die Sonnenscheibe nicht ungehindert anschauen kann. In diesem Licht sehe ich zuweilen, aber nicht oft, ein anderes Licht, das mir das ›lebendige Licht‹ genannt wird. Wann und wie ich es schaue, kann ich nicht sagen. Aber solange ich es schaue, wird alle Traurigkeit und Angst von mir genommen.«[7]

Nach einem ersten mehrtägigen Besuch auf dem Rupertsberg, wo Wibert die verehrte Autorin persönlich traf, kehrte er in sein Kloster zurück. Er ließ den Briefkontakt zu Hildegard nicht abreißen, für die er große und blumige, aber auch sehr treffende Worte fand: »Sei gegrüßt, nach Maria voll der Gnade, der Herr ist mit dir, du bist gebenedeit unter den Weibern und gebenedeit ist das Wort deines Mundes, das die Geheimnisse des Unsichtbaren zu den Menschen trägt, das Himmlisches mit Irdischem verbindet, Göttliches mit Menschlichem vereint.«[8] Wibert übermittelte ihr achtunddreißig Fragen des Klosters Villers, das er zeitweise besucht hatte. Auch dort hatte er seinen wertvollen Hildegard-Brief gezeigt. Die Mönche erwarteten nun von der schauenden Nonne die Antworten auf wichtige, aber auch viele absonderlich anmutende, theologische Probleme: Welchen Leib hatten die Engel, denen Abraham Weißbrot, ein Kalb, Butter und Milch vorsetzte? Wie spricht der Herr? In welcher Gestalt erschien er, als er Verbote gab, und in welcher, als er nach der Sünde im Paradies wandelte?

Solche Spitzfindigkeiten sind Hildegards Sache nicht. Sie schickte den Mönchen ihre zweite Visionsschrift »Der Mensch in der Verantwortung«, der die Villerenser Mönche fortan während der Tischlesung im Refektorium lauschten. In Gembloux, Wiberts Heimatkloster, las der Konvent Hildegards Schrift zum Auftakt des abendlichen Chorgebets.

Wibert war bestürzt, als Ende 1176 ein Gerücht den Weg zu ihm fand: Hildegard von Bingen sei gestorben. Sofort forschte der Mönch nach, bis ihm zwei Monate später Boten die frohe Kunde brachten, die Seherin sei nur schwer erkrankt. Jetzt drängte er in einem neuen Brief auf die Lösung der Fragen. Im Sommer 1177 erwirkte der glühende Hildegardverehrer schließlich die Erlaubnis seines Abtes, noch einmal zum Rupertsberg zu reisen. Hildegard habe ihn eingeladen, behauptet er später.

Wibert weilt im Nonnenkonvent, als Hildegards Bruder Hugo und der Mainzer Kanonikus kurz hintereinander wegsterben.

Ihr werdet herrlich strahlen in der Engel Gesellschaft

Wieder steht ihr Konvent ohne Seelsorger und sie selbst ohne Sekretär da. Wibert erscheint das sicher als göttliche Fügung. Voll Begeisterung, wortgewaltig und überzeugend, dient er sich Hildegard an. Er spricht kein Deutsch, auf Latein müssen sie sich verständigen. Hildegard widersteht seinem Ansturm nicht. Warum sollte sie auch einen ganz Fremden zum Propst machen? Sie kennt Wibert durch seine Besuche und Briefe, und sie weiß, wie sehr er ihre Werke schätzt. Der hochgebildete Mönch wird ihr ohne Zweifel ein loyaler Diener sein.
Wibert ist überglücklich, als sie ihn auch zu ihrem Sekretär macht. Er verlangt allerdings Freiheiten, die sie Volmar nie zugestanden hat: Er will nicht nur grammatikalische Fehler ausmerzen, sondern auch ihren Stil verbessern. Er ist von Eifer und Hochachtung für diese Frau getrieben. Endlich soll sie so sprechen, wie es ihr gebührt: wie eine Philosophin. Hildegard ist zu alt und müde, um abzulehnen. Vielleicht ist sie auch geblendet von seinen großen Worten und seiner Bildung. Die kleinen Werke, die sie mit Wiberts Hilfe noch verfaßt, tragen denn auch ganz seine Handschrift. Die Posaune hat den klaren Klang nicht mehr, der sie so einzigartig gemacht hat.
Hildegard beginnt sich an Wibert zu gewöhnen, als dessen Heimatkloster seine Rückkehr verlangt. Vor Gram erbleichen die Nonnen und bekommen eine Gänsehaut, sie jammern und bestürmen den Niederländer, nicht zu gehen. Auch wenn diese Schilderung Wiberts aus Eitelkeit leicht übertrieben sein mag – Hildegard ist sicher heftig erschrocken. Sie läßt ihre Beziehungen spielen, und Wibert erhält tatsächlich die Erlaubnis seines Abtes, auf dem Rupertsberg zu bleiben. Hildegard kann aufatmen. Endlich kehrt wieder Ruhe ein.
Noch eine andere Last wird in diesem Jahr von ihr genommen: Hildegard hat achtzehn Jahre lang beobachtet, wie Kaiser und Papst entzweit waren. Das Schisma, das sie oft genug beklagt hat, wird 1177 beigelegt. Nicht ganz freiwillig beendet Barbarossa den Machtkampf. Doch seine Niederlage im fünften Italienzug und der neu aufgeflammte Streit mit Heinrich dem Löwen ließen dem Staufer keine Wahl. Friedrich I. und Papst

Alexander III. versöhnen sich im Frieden von Venedig, der Papst geht aus dem Schisma gestärkt hervor.

Wibert führt auf dem Rupertsberg eine Aufgabe fort, die der getreue Volmar bereits um 1150 begonnen hat. Hildegards Größe und Ruf soll eine Art geistliches Briefbuch untermauern, für das schon der erste Sekretär die Texte in eine bessere Form gebracht hat. Er war sogar noch weiter gegangen: Predigten oder Notizen Hildegards hatte er mit Anschriften versehen und sie als Briefe ausgegeben, um einen lückenlosen Kontakt mit allen wichtigen Personen der Zeit nachzuweisen. Umstritten sind heute zum Beispiel die Briefe an Konrad III. Für tatsächliche historische Ereignisse bastelte er außerdem Briefbeweise.

Wibert sichtet im Skriptorium und der Bibliothek noch einmal diese Briefsammlung und die Briefabschriften. Er ordnet die Pergamentblätter wieder neu, doch nicht nur zeitlich und nach dem Rang der Briefpartner. Auch Adressaten und Absender tauscht Wibert aus. Wenn Briefe nicht deutlich genug den Ruhm der Prophetin widerspiegeln oder ihrem Ruf sogar schaden, greift er inhaltlich ein. Deshalb entschärft er den kritischen Brief der Äbtissin Tengswich zugunsten Hildegards: Er macht aus einer harschen Kritik eine kritische Nachfrage. Er entfernt einen Brief an Gertrud, die ehemalige Pfalzgräfin von Stahleck, die als Witwe in einem Bamberger Kloster zur Ruhe kommt, denn Briefe an eine Nonne ohne *magistra*-Titel ziemen sich nicht für die Prophetin. Politisch unklug erscheint es dem Mönch, an die frühere Haltung Philipp von Heinsbergs zu erinnern, der als Erzbischof von Köln im Schisma treu zu Barbarossa stand und deshalb von Hildegard heftig angegriffen wurde. Die entsprechende Stelle wird gestrichen.

Hildegard selbst hat die Herausgabe der Briefe kaum unbeaufsichtigt geschehen lassen, und ganz sicher haben weder Volmar noch Wibert sie hintergangen. Sie weiß also um die Schönungen, die ihren Ruhm vermehren sollen. Und sie hat das »genehmigt oder wenigstens geduldet«.[9] Sie ist alt und will endlich Ruhe haben, wohl deshalb kann der Mönch von Gembloux so frei schalten und walten. Doch noch ist der greisen Äbtissin keine wirkliche Ruhe vergönnt.

Hildegard beerdigt im Jahre 1178 einen jungen Mann auf dem Friedhof ihres Klosters. Das sei sein Wunsch gewesen, erzählt die trauernde Familie. Vor seinem Tod hat der kranke Edelmann, der wegen eines Verbrechens exkommuniziert worden war, einem Priester seine Sünden gebeichtet, Reue gezeigt und daraufhin die Lossprechung und die Sterbesakramente empfangen. Ausgesöhnt mit der Kirche, hat er sein Leben ausgehaucht.
Nach dem feierlichen Begräbnis auf dem Rupertsberg empören sich einige Binger Frauen. Der Verstorbene, dieser von der Kirche verstoßene Sünder, muß stadtbekannt gewesen sein. Kann es rechtens sein, daß dieser Kerl im Kloster die letzte Ruhe findet? Die Leute wenden sich an den Mainzer Erzbischof.
Nur zwei Tage später erreicht die Äbtissin eine unerwartete Nachricht: Die Mainzer Domherren verlangen von ihr, den Leichnam auszugraben und in ungeweihter Erde zu bestatten. Nur »privat« ist der Tote in den Schoß der Kirche zurückgekehrt, offiziell besteht der Ausschluß weiter, da ein entsprechendes Verfahren weder eingeleitet noch abgeschlossen ist. Falls sich Hildegard weigere, so das Domkapitel, drohe dem Kloster das Interdikt, der Kirchenbann. Dies bedeutet: Der öffentliche Gottesdienst im Kloster, Gesang und Glockengeläut müssen unterbleiben. Nur hinter verschlossenen Türen dürfen die Nonnen leise Psalmen und Lesungen aufsagen, und auch der Empfang der heiligen Kommunion ist ihnen verwehrt.
Hildegard ist bestürzt und verwundert zugleich, denn sie hat den Toten, der die Sterbesakramente empfangen hat, ohne Einspruch des Priesters begraben. Sie schaut »wie gewohnt« auf zum wahren Licht und sieht:

»Würde... der Leib dieses Toten ausgegraben, so würde durch die Entfernung unserem Orte eine große Gefahr drohen und uns umlagern, gleich der schwarzen Wolke, die Sturm und Gewitter anzuzeigen pflegen.«[10]

Sie zeigt zwar Verständnis für die »Vorschrift unserer Prälaten«, aber sie schätzt den Schutz der Sakramente höher ein als die Buchstaben des Kirchengesetzes. Sie will die Würde des Toten bewahren. Seine Umbettung, die einige »erregte Frauen« fordern, wäre nur ein schmachvolles Schauspiel.
Hildegard steht auf dem Klosterfriedhof. Mit ihrem Äbtissinnenstab zeichnet sie ein Kreuz über das Grab und verwischt dann die Umrisse mit einem Reisigbesen. Die letzte Ruhestätte des Edelmannes ist nun für immer unauffindbar. Das kann ein sehr einsamer Entschluß gewesen sein. Vielleicht hat sie sich aber auch im Kapitelsaal mit ihren Mitschwestern beraten und Unterstützung für ihre Tat erbeten und erhalten. Denn das Interdikt, dem sie sich jetzt unterwerfen muß, wird den ganzen Konvent hart treffen.
Das Leben auf dem Rupertsberg erstarrt denn auch unter dem Kirchenbann. Wie gelähmt scheinen alle. Erst langsam begreifen die Frauen, wie schwer die Strafe wiegt, wie sehr ihr Leben darunter leidet. Das Interdikt beraubt das klösterliche Leben seines Mittelpunktes, des Gottesdienstes. Besonders für Hildegard, die Musik so sehr liebt, muß es schrecklich sein, auf den Gesang zu verzichten. Am Ende ihres Lebens durchweht eine wahrhaft teuflische Stille den Chor. Zur Kirchweihe hatten sie hier das Singspiel *Ordo virtutum* aufgeführt, und darin war der *diabolus* der einzige, der nicht sang. Fast »erdrückt« Hildegard die Last der Strafe.
Eine schwere Krankheit reißt sie nach Wochen oder Monaten aus ihrer Untätigkeit. Das ist sie noch einmal, die göttliche Strafe, der Aufruf zu handeln und für ihre Überzeugung zu streiten. Sie hat sich schuldig gemacht, »weil ich mich nicht in aller Demut und Unterwürfigkeit zu meinen geistlichen Oberen begeben habe, um von ihnen persönlich die Erlaubnis zum Kommunizieren (Empfang der heiligen Kommunion) zu erbitten.«
Die Äbtissin verfaßt ein langes Schreiben, in dem sie den Sach-

Ihr werdet herrlich strahlen in der Engel Gesellschaft

verhalt aufrollt. Sie zweifelt an, daß das Urteil über ihr Verhalten einzig auf dem »Eifer für die Gerechtigkeit Gottes« fußt. Zu schnell hätten die Oberen gestraft und sich dabei von »Entrüstung, ungerechter Geisteserregung und Rachsucht« leiten lassen. Die achtzigjährige Frau macht sich auf den Weg nach Mainz, um das Schriftstück zu überbringen und selbst zu erläutern.

Hildegard weint bittere Tränen vor dem versammelten Domkapitel, sie fleht und klagt. Sie beschwört die Gewalt des Gotteslobes und die Chorgemeinschaft der Engel. Sie läßt den Gesang des Paradieses vor Adams Fall lebendig werden, den die Menschen mit ihren beseelten Stimmen und Instrumenten, den Zithern und Harfen, auf die Erde holen. Doch in der Sache bleibt sie hart. Auch keiner der Domherren gibt nach, ihre Augen sind so »verfinstert... daß sie auch nicht einen Blick des Erbarmens für mich hatten«. Hildegard reitet nach Bingen zurück.

Doch die Kämpferin in ihr ist wieder erwacht. Sie schaltet einen Freund ein, den Erzbischof Philipp von Köln. Dieser befragt den Priester, der dem Verstorbenen die letzte Beichte abgenommen hatte, und einen freien Ritter, der in der Todesstunde seinem Freund beistand. Aufgrund dieser Untersuchung erwirkt der Kölner Erzbischof in Mainz die Aufhebung des Interdiktes, wobei er »das Einverständnis« seines dortigen Kollegen voraussetzt. Denn Christian von Buch, der Erzbischof von Mainz, ist Anfang des Jahres 1179 auf dem Weg nach Rom, um an einem Konzil teilzunehmen.

Doch nur kurz läuten auf dem Rupertsberg wieder die Glocken. Ein Mitglied des Domkapitels reist nach Rom und wiegelt den Mainzer Erzbischof gegen diesen Beschluß auf. Der machtbewußte Kirchenmann, ein einflußreicher Politiker, Erzkanzler und Diplomat Barbarossas, reagiert empfindlich, wenn jemand seinen Machtbereich stört. Erneut verhängt er das Interdikt über Hildegards Kloster.

Wieder herrscht diese teuflische Stille. Noch einmal greift die Äbtissin zur Feder. Jetzt schreibt sie direkt an den Widersacher. Ein Bote bringt das Schreiben nach Rom. Noch einmal rollt sie den Fall auf, beklagt das starre, erbarmungslose Verhalten des Domkapitels und erklärt, warum sie den Kölner Erzbischof um Hilfe gebeten hat. Außerdem beruft sie sich auf ihre göttliche Erleuchtung, die Erzbischof Christian von Buch nie angezweifelt hat:

»Ich erhielt in der Schau meiner Seele – nie hast du mich in bezug auf die Schau meiner Seele durch irgendein Wort in Verwirrung gebracht – den Auftrag, aus Herz und Mund zu sagen: ›Besser ist es für mich, in die Hände der Menschen zu fallen, als das Gesetz meines Gottes zu verlassen‹.«

Hildegard überzeugt endlich den Schutzherrn ihres Klosters. Der Erzbischof sagt in einer diplomatischen Antwort vom März 1179 zwar noch einmal deutlich, wie »höchst gefährlich« ihr Verhalten war. Doch er habe, falls die Zeugenaussagen bestätigt sind, das Mainzer Domkapitel bereits schriftlich angewiesen, »daß der Gottesdienst bei euch gefeiert werden soll. Zugleich bitten wir Eure Heiligkeit inständig und flehentlich. Wenn wir euch in dieser Angelegenheit durch unsere Schuld oder Unwissenheit zur Last gefallen sind, so entzieht Euer Erbarmen nicht dem, der um Verzeihung bittet.«
Jetzt werden die Kirchtüren wieder aufgeschlossen, sieben Mal am Tag erklingen wieder die Lieder und Psalmen auf dem Rupertsberg, und gemeinsam feiern die Nonnen die heilige Messe. An Festtagen stehen sie geschmückt im Chor, mit offenen Haaren und weißen Seidenschleiern, die goldenen Reifen glänzen, sie sind wieder »Gefährtinnen der Engel«.
Diese Auseinandersetzung, auch wenn sie durch die Abwesenheit des Erzbischofs unnötig eskaliert ist, überrascht durch ihre Härte. Hildegard ist schließlich eine anerkannte Frau der Kirche und schon einundachtzig Jahre alt. Warum lenken die Mainzer nicht ein? Ein alter und bis heute in der Kirche ungelöster Konflikt bricht auf: Auf der einen Seite steht das Charisma, verkörpert durch die Nonne, auf der anderen Seite die Institution, die Amtskirche, vertreten durch die Domherren. Und jeder hat auf seine Weise recht.

Hildegard rebelliert in diesem Konflikt nicht gegen die Gesetze ihrer Kirche, denn sie nimmt das Urteil, das Interdikt, auf sich. Aber sie geht erneut »bis an die äußerste Grenze. In ihrer Liebe zum Nächsten nimmt die Seherin den unerhört schweren Kampf, das größte Wagnis auf sich... Vielleicht besaß nur eine Frau, eine charismatisch begabte Frau wie Hildegard, die Fähigkeit, diesen Weg konsequent zu Ende zu gehen.«[11]
In Hildegards letztem Kampf scheinen all die weiblichen Gestalten aus ihrem Singspiel lebendig zu werden und für sie zu streiten. Für die Frau in der Männerkirche spitzen die Tugendkräfte ihre Waffen: die *discretio*, die Unterscheidungs- und Urteilskraft, und die *patientia*, die Geduld, das Ertragen- und Austragen-Können; das Wissen um Gott, die *scientia dei*, und die Liebe, das innere Feuer, die *caritas*. Am Ende siegen sie und rufen Hildegard zu: »Sei stark wie Eichenholz und kleide, umhülle dich mit den Waffen des Lichts.«[12]

Der schwere Konflikt mit der Kirche, über den die »Vita« kein Wort verliert, hat die letzten Kräfte der einundachtzigjährigen Frau aufgezehrt. Nur ein halbes Jahr hat sie noch zu leben. Hildegard ist abgemagert und schwach, sie liegt fast nur noch. Zwei Nonnen stützen sie, wenn sie aufstehen will. Augen, Lunge und Magen versagen ihr den Dienst. Schreiben will und kann sie nicht mehr. Alles, was sie als Prophetin zu sagen hatte, ist gesagt. Ihr Sekretär Wibert, der gern noch teilgehabt hätte an ihren Schauungen, sieht ein: »Wozu die erschöpfte und halbtote Frau mit dem Diktat ihrer Visionen quälen? Eine glückselige Sterbestunde liegt ihr näher als die Geheimnisse der Heiligen Schrift.«[13]
Hildegard, die immer gegen Weltschmerz und Hoffnungslosigkeit angeschrieben hat, empfindet »Überdruß am gegenwärtigen Leben und wünscht täglich, aufgelöst und bei Christus zu sein.«[14] Auf der Erde gibt es für sie nichts mehr zu tun. Alles, was sie als Mensch zu tun hatte, ist getan. Sie sehnt nur noch den Tod herbei. Ihren Sterbetag soll sie im Kapitelsaal vorausgesagt haben, es wird ein Montag im September sein.

Nachdem wieder Frieden zwischen der Mainzer Kirche und der greisen Äbtissin herrscht, bleiben ihr nur wenige Monate. Dann wirft eine Krankheit Hildegard endgültig nieder. Kurze Zeit später liegt sie im Sterben. Um das Totenbett versammeln sich alle Nonnen des Konvents, ihre »geistlichen Oberen« und die Verwandten »unter großen Klagen«.[15]

Haben Bilder sie bis an ihr Ende begleitet und in die andere Welt hinübergeleitet? Den »Himmelsfreuden der Jungfrauen«, die sie früher gesehen und gerochen, gehört und gefühlt hat, ist sie so nah wie noch nie:

»In der Herrlichkeit sah ich wie in einem Spiegel eine Luftschicht, welche eine Reinheit weit über die Lauterkeit der reinsten Wasser besaß. Sie entsandte ein Strahlen, stärker als der Sonne Strahl, und sie schwang in einem Wehen und trug alle Grünkraft der Kräuter und Blumen des Paradieses wie der Erde in sich, voll mit Duft aller Lebensgrüne, so wie auch der Sommer den allersüßesten Duft der Kräuter und Blumen trägt. In diesem Luftraum sah ich wie in einem Spiegel jene Seligen, die mit reinstem Gewande aus lauterem Gold angetan und geschmückt waren.

Auf ihrem Haupt trugen sie Kronen, die mit Gold und Rosen, wie auch mit Lilien durchflochten und in ihrem Flechtwerk aufs feinste mit edelsten Steinen durchwirkt waren... Sie atmeten nun eine Luft, die reiner war als die Reinheit der lautersten Wasser, und strahlten einen Glanz aus, der den Glanz der Sonne noch übertraf.«[16]

Auf dem Rupertsberg stirbt im Herbst des Jahres 1179 nicht nur eine Nonne, eine Prophetin verstummt. Nichts ist bekannt über die letzten Tage und Stunden dieser großen Frau. Ihr Sekretär Wibert von Gembloux vergibt die historische Chance, die Geschehnisse aufzuschreiben. Letzte Worte sind nicht überliefert, Hildegard kann wahrscheinlich nicht mehr sprechen.

Andächtig führen die Nonnen die Sterberituale durch. Die Sterbende spricht das Confiteor. Falls Hildegard bereits zu

schwach gewesen ist, betet eine Mitschwester, wahrscheinlich die Priorin, an ihrer Stelle. Als die Seele beginnt, »sich vom Körper zu trennen und zu entfliehen«[17], legen die Klosterfrauen ein Büßerhemd auf den nackten Boden oder auf Stroh. Sie malen mit Asche ein Kreuz darauf. Sorgsam betten sie den Körper ihrer Magistra auf die Erde.
Alle, die um das Todeslager stehen, singen leise das Credo, Himmelsklänge, Sphärenmusik. Ihr Gott hat Hildegard und allen Jungfrauen verkündet: »Ihr werdet herrlich strahlen in der Engel Gesellschaft«. Falls sie noch beichten kann, empfängt sie danach die letzte Kommunion. Den Todeskampf begleiten symbolische Gesten. Ein Priester salbt die Augen, Ohren, Nasenlöcher, Hände und Füße. Die Sünden sind jetzt getilgt, denen der Mensch mit seinen Sinnen verfiel. Als Hildegard am 17. September 1179 ihre Augen für immer schließt, dämmert gerade ein neuer Tag, die Sonne geht auf. Der ganze Rupertsberg ist in gleißendes Licht gehüllt.

»Doch ach, welche große Klage werden meine Töchter nach dem Tode ihrer Mutter erheben, wenn sie an der Brust ihrer Mutter nicht mehr trinken, wenn sie unter Seufzen und Trauer und häufig unter Tränen so sprechen werden: ›Ach, ach, gern würden wir an der Brust unserer Mutter trinken, wenn wir sie jetzt noch unter uns hätten!‹...
Nimmer gerate meine Stimme unter euch in Vergessenheit, denn oft ertönte sie in Liebe unter euch. Jetzt erglühen meine Töchter in ihren Herzen ob der Trauer, die sie um ihre Mutter empfinden. Sie seufzen und sehnen sich nach dem Himmel.«[18]

Auf zum Himmel schauen die Klosterfrauen, und in den Strahlen der Morgensonne erblicken sie – so ist es überliefert – ein göttliches Zeichen. Über dem Gemach der Toten erscheinen zwei überaus helle Bögen von verschiedener Farbe, die sich nach den vier Weltgegenden ausdehnen, von Norden nach Süden, von Osten nach Westen. Wo die Bögen sich kreuzen,

erstrahlt ein mondförmiges Licht. Es vertreibt die nächtliche Finsternis vom Sterbehaus. In diesem Licht schimmert rot ein kleines Kreuz, das zu ungeheurer Größe anwächst. Dieses Kreuz umgeben unzählige verschiedenfarbige Kreise, in denen sich wiederum einzelne, kleine rotglimmende Kreuze mit eigenen Kreisen bilden. Über das ganze Firmament breitet sich die Erscheinung aus, bevor sie sich bündelt und auf das Haus strahlt, in dem »die heilige Jungfrau«[19] heimgegangen ist.
Die Totenglocke läutet. Die Nonnen reinigen den Leichnam Hildegards und falten die Hände unter dem Ordenskleid, bevor sie es zunähen. Mit Weihrauch und Weihwasser segnen sie die mit der schwarzen Kutte umhüllte Tote und tragen sie in die Abteikirche. Dem aufgebahrten Leichnam legen sie den Äbtissinnenstab zur Seite. Die Totenwache beginnt. Jetzt regiert der Winter.

»Der zwölfte Monat ist mächtig kalt. Die Erde wird hart und friert. Winter bedeckt das Land mit gefrorenem Schaum und macht es lästig und beschwerlich... Wie auch der Körper nach dem Ausscheiden der Seele ohne Wärme ist und kalt bleibt, so wird auch die Seele ohne die Glut der Gaben des Heiligen Geistes durch den Zorn verhärtet und vergißt ihre eigene Natur, in der sie doch vor dem Angesicht Gottes wie mit warmem Blute erscheint.«[20]

Auf den Winter folgt ein neuer Frühling, Vergehen und Werden. Das Ende ist der Anfang, der Mensch stirbt, die Heilige lebt. Das Weltenrad dreht sich weiter.

Die Kunde vom Ableben der berühmten Klosterfrau verbreitet sich schnell. Auch das Volk von Bingen und Eibingen hat am frühen Montag das Wunderzeichen am Himmel gesehen. Die Menschen bekreuzigen sich und pilgern zur Rupertsberger Kirche, um der Heiligen noch einmal ganz nah zu sein. Vor dem Begräbnis geschehen Dinge, »die das Verdienst ihrer Heiligkeit bezeugen. Denn zwei Menschen, die ihren heiligen

Totenmesse mit einem aufgebahrten Mönch inmitten seiner Ordensbrüder. Miniatur aus dem 15. Jahrhundert.

Leichnam in gläubiger Hoffnung zu berühren wagten, wurden von schwerer Krankheit geheilt.«[21]
Das Totenamt vollziehen »hochwürdige Herren«. Nach dem Requiem setzt sich eine feierliche Prozession in Bewegung. Auf dem Klosterfriedhof wird Hildegard bestattet. Drei Schaufeln Erde werfen die Anwesenden ins Grab, bis Erde alles bedeckt: »Gebrechlicher Mensch, Asche von Asche, Moder von Moder.«[22]
Die Nonnen gehen ins Kloster zurück. Dreißig Tage lang werden in der Abtei keine Kerzen brennen und keine Glocken läuten. Dreißig Tage lang singen die Frauen gemeinsam die Totenmesse. Dann kehrt der Alltag wieder ein. Das Essen der

Verstorbenen reichen sie ein Jahr lang an der Pforte des Rupertsberges den Armen, die man damals auch die »Türhüter des Himmels« nennt.
Die Mönche Gottfried und Theoderich beenden ihren Bericht über »Das Leben der heiligen Hildegard« mit den Worten:

»Auch stieg aus ihrem Grabe ein wunderbarer Duft auf, der Sinne und Brust vieler Menschen durchdrang. Daher hoffen und glauben wir ohne Zweifel, daß bei Gott ihr Andenken unsterblich ist, der ihr schon in diesem Leben den besonderen Vorzug seiner Gnade verlieh, wofür ihm Preis und Ehre sei, von Ewigkeit zu Ewigkeit. Amen.«[23]

Der Strom der Pilger schwillt nach dem Tode Hildegards stetig an. Gläubige umlagern gnadensüchtig das Grab der Verstorbenen, Kranke und Leidende hoffen auf Wunder. Sie beten und singen, klagen und schluchzen laut.
Nachdem Hildegards sterbliche Überreste in die Abteikirche umgebettet worden sind und in einer Gruft unter dem Chor ruhen, stören die lärmenden Pilgerscharen, die zum Grab der Heiligen wallfahren, das Klosterleben. Im Chor können die Nonnen nicht mehr in Ruhe singen und beten, der Konvent fragt seinen Oberhirten um Rat. Der Erzbischof von Mainz reist daraufhin zum Rupertsberg und verbietet der Heiligen, weiter Wunder zu wirken. Zum letzten Mal gehorcht Hildegard ihrer Kirche: Wunderzeichen – so ist überliefert – werden danach auf dem Rupertsberg nicht mehr gesehen.

Um das Jahr 1230 arbeiten Schwestern in der Stickstube des Klosters an einem kostbaren, farbenprächtigen Behang für den Hochaltar der Abteikirche. Tiefrote byzantinische Seide besticken die Frauen mit Gold- und Silberfäden und buntem Seidenzwirn. In der Mitte des Altartuches thront Christus umgeben von den Evangelisten – von Matthäus und Johannes, der als Adler dargestellt ist, von dem »Löwen« Markus und dem »Stier« Lukas. Um dieses Motiv gruppieren die Stickerinnen weitere Gestalten der Bibel und die Wohltäter und Nonnen des

Klosters. Auf der rechten Seite hinter dem Klosterpatron Rupert erscheint Hildegard. In ihrer erhobenen Hand hält sie ein Kirchenmodell, dessen Dachkreuz die Frauen mit Perlen einfassen. Ein weißbestickter Schleier umrahmt ihr Gesicht und erinnert an die eigenwillige, festliche Seidengewandung, in der Hildegard und ihre Nonnen an Festtagen zur Kommunion schritten.

Das erste Mal ist Hildegard mit einem Heiligenschein, einem Nimbus, abgebildet. Ein untrügliches Zeichen, daß nicht nur der Konvent, sondern auch die Stifter des Altartuches, der Erzbischof von Mainz und Herzogin Agnes, glauben, die Heiligsprechung Hildegards stehe bevor. Schon 1227 hatte das Kloster die »Kanonisation« beim Papst beantragt, der daraufhin einen Bericht über Hildegard anforderte. Als die Nonnen auf dem Rupertsberg das Altartuch sticken, sind die Heiligsprechungsakten auf dem Weg nach Rom. Doch zuviel entspricht nicht den formalen Anforderungen, die der Heilige Stuhl stellt, die Arbeitskommission aus Mainz hat versagt. Mahnschreiben des Papstes folgen, als das angeforderte verbesserte Protokoll jahrelang ausbleibt. Bis heute ist fraglich, ob die Akten nach 1243 nochmals nach Rom gelangt sind.

Schlamperei oder bewußte Verschleppung? Haben die Mainzer Kleriker der Nonne nie verziehen, daß Hildegard gegen das Interdikt rebelliert und ihr Charisma am Ende über das formale Kirchenrecht gesiegt hat? Oder sind die Akten doch noch in Rom eingetroffen? Dämmerte dort bereits der Geist der Inquisition herauf, der in der Hexenverfolgung gipfeln sollte? Schien es dem Heiligen Stuhl später zu gewagt, eine solch eigenwillige Frau und selbständige Nonne offiziell zum Vorbild zu erklären?

Hildegard ist »nur« eine Volksheilige geblieben, bis heute.

Wie alle heiligen Männer und Frauen hat Hildegard ihre Zeit bewegt und gebündelt. Ihr Leben ist für sich betrachtet bereits ein Wunder, und wer sich ihr nähert, nimmt etwas von ihrer Kraft mit.

Meisterwerke der Kunst begleiten – gerade auch im Mittelalter
– das irdische Leben vieler Heiliger. Sie haben auf der Welt
»Spuren von großer Schönheit« hinterlassen. Eine Spur ist das
Leben der heiligen Hildegard von Bingen. Ihre Schriften und
ihre Musik holen bis heute etwas von der »Schönheit des Himmels« auf diese Erde herab.

An die Jungfrauen

Die ihr Gott schauet, im Morgenrot bauet,
wie ist euer Antlitz so schön,
o selige Jungfraun, wie edel seid ihr!
In euch hat der König sich selber erblickt,
alle Schönheit des Himmels in euch vorgezeichnet,
so seid ihr der köstlichste Garten,
duftend in jeglicher Schönheit.[24]

Zeit ohne Grenze

Die wuchtige Abtei, die Anfang dieses Jahrhunderts in den Weinbergen über Rüdesheim erbaut wurde, trägt ihren Namen: Sankt Hildegard. Die Äbtissin des Konvents ist die sechsunddreißigste Nachfolgerin der Heiligen. Siebenmal am Tag läuten die Glocken zum Gebet, zum ersten Mal morgens nach fünf Uhr zur Laudes und zum letzten Mal abends nach sieben Uhr für Komplet und Vigilien.

Die Benediktinerinnen verlassen beim Glockengeläut ihre Arbeit und stellen sich im Kreuzgang auf. Mit gesenktem Kopf sammeln sie sich einige Minuten lang, dann ziehen fast siebzig Nonnen in die Kirche ein. Die Schwester, die für den Kirchendienst eingeteilt ist, hat zuvor die Kerzen angezündet, die Blumen geordnet und das Evangelium auf dem Lesepult aufgeschlagen. Sie hat die Psalmenbücher mit Lesezeichen versehen und für Besucher auf die erste Kirchenbank gelegt. Hinter der dicken Kordel, die den Nonnenchor vom Altarraum trennt, beugt jede Schwester die Knie, bevor sie ihren festgelegten Platz im Nonnenchor einnimmt.

Uneinsehbar für Kirchenbesucher ist dieser Ort des Gebetes vom Kirchenschiff aus. In der Mitte hat die Äbtissin ihren Platz, ein Ring und das Brustkreuz sind das Zeichen ihrer Würde. Sie klopft einmal auf das Holz des Chorgestühls. Die Klosterfrauen beginnen ihren Gesang.

Nach jedem Gebet, Psalm und Lied begleitet eine Welle dunkler Töne das Lob des dreieinigen Gottes: »*Gloria Patri et Filio et Spiritui Sancto* – Ehre sei dem Vater, dem Sohn und dem Heiligen Geist«. Die Ordenstrachten schleifen über das hohe Gestühl. Die Schwestern stehen gleichzeitig auf und verbeugen sich tief. Eine verharrende Geste voll Ehrfurcht, die seit Jahrhunderten gleich geblieben ist, auch gleich würdevoll. Eine demütige Bewegung, die einen Funken Ewigkeit birgt: »... *sicut erat in principio et nunc et semper et in saecula saeculorum. Amen.* – so wie es war von Anfang an und jetzt und immer und in Ewigkeit. Amen.« Der Stoff des schwarzen Habit schleift wieder über das Holz, die Nonnen setzen sich.

Ins Unendliche schwingen sich die im Rund kreisenden neun »Chöre der Engel«, die Hildegard sieht und hört. Mit »wunderbaren Stimmen jeder Art von Wohlklang« verkünden diese geistigen Wesen voller Augen und Flügel die Wunder Gottes und verherrlichen ihn »auf erhabene Weise«.

In diesem Ritus – mit seinen Verneigungen, dem Sichniederknien und Aufstehen – geben sich die Frauen auch sichtbar dem Gebet hin, mit jeder Faser ihres Körpers. Wer auch nur eine Woche lang die Abtei besucht, dem Chorgesang siebenmal am Tag lauscht und sich dieser Stimmung und ihren Klängen bewußt aussetzt, erahnt bereits die Kraft des Gebetsrituals, mit dem jeder Tag beginnt und endet, das Monat um Monat und Jahr um Jahr gliedert, das ein ganzes Menschenleben prägt.

Zeit ohne Grenze

»Die Himmel hallen wider von Meinem Lob. Denn sie hängen an meinem Blick und gehorchen Mir nach der Ordnung, die Ich ihnen gesetzt. Sonne, Mond und Sterne halten ihre Zeiten ein. Wind und Regen laufen durch die Lüfte, wie es ihnen bestimmt ist...
Keiner von euch kann die Tage seines Lebens wissen, daran vorbeikommen oder darüber hinwegspringen. Von Mir ist euch die Zeit des Lebens gesetzt. Ist deine Heilszeit erfüllt, dann wirst du die gegenwärtige Weltzeit eintauschen gegen die, die keine Grenze kennt.«[1]

Heraus aus dieser Welt und unter die »Augen Gottes und seiner Engel« treten die Klosterfrauen tagtäglich mit ihren Gebeten und Chorälen. Siebenmal am Tag tauchen sie ein in die Schönheit der Töne, der Musik. Groß ist der Gegensatz zu dem geschäftigen, zweckgerichteten Treiben unserer Zeit. Die mehr als tausend Jahre alten Melodien und die lateinische Sprache vergrößern den Abstand noch mehr und entrücken dieses Tun. Die Zeit steht still.
Eine Nonne aus der Zeit der heiligen Hildegard, die auf wunderbare Art und Weise heute in die Abtei über Rüdesheim versetzt würde, wäre nicht verwirrt. Sofort könnte sie sich einreihen in eine seit fünfzehn Jahrhunderten währende Stetigkeit. Die Gesänge ergreifen auch, weil sie diese lange, lückenlose Kontinuität vermitteln. Geronnene Zeit sind sie, Urformen des Gebets.
Wer aus dem dunklen Kirchenschiff der Abtei St. Hildegard ins Freie tritt, verharrt ein paar Sekunden, taucht auf aus einem schönen und zeitlosen Klang und Raum. Der Blick geht über Weinreben hinunter auf den Rhein. Im zwölften Jahrhundert sah Hildegard von Bingen denselben Strom dahinfließen. Von ihrem Kloster am Rupertsberg erblickte sie dieselben Berge und sah auf zu denselben Gestirnen.
Zeit ohne Grenze.
Eine Ahnung.

Quellenverzeichnis

Sich ein Bild machen
1 Vgl. zur gesamten Einleitung: Adelheid Simon, Die Reliquien der hl. Hildegard und ihre Geschichte, in: Anton Ph. Brück (Hrsg.), Hildegard von Bingen 1179-1979. Festschrift zum 800. Todestag der Heiligen (Quellen und Abhandlungen zur mittelrheinischen Kirchengeschichte Band 33). Mainz 1979, S. 371-383. Im folgenden zitiert als *Festschrift*.
2 Hildegard von Bingen, Wisse die Wege – *Scivias*. Nach dem Originaltext des illuminierten Rupertsberger Kodex der Wiesbadener Landesbibliothek ins Deutsche übertragen und bearbeitet von Maura Böckeler. Salzburg, 8. Auflage 1987, S. 106. Im folgenden zitiert als *Wisse die Wege*.
3 Hildegard von Bingen, Briefwechsel. Nach den ältesten Handschriften übersetzt und nach den Quellen erläutert von Adelgundis Führkötter OSB. Salzburg, 2. Auflage 1990, S. 226. Im folgenden zitiert als *Briefwechsel*.

Ich sah ein so großes Licht, daß meine Seele erbebte
1 Alle Angaben zur Familie Hildegards in diesem Buch stammen, wenn nicht anders gekennzeichnet, aus: Marianne Schrader, Die Herkunft der heiligen Hildegard. Neu bearbeitet von Adelgundis Führkötter. Mainz 1981, erschienen in der Reihe Quellen und Abhandlungen zur mittelrheinischen Kirchengeschichte Band 43
2 Wisse die Wege, S. 130
3 Shulamith Shahar, Kindheit im Mittelalter. München 1991, S. 47
4 Hildegard von Bingen, Das Buch von den Steinen. Nach den Quellen übersetzt und erläutert von Peter Riethe. Salzburg, 2. Auflage 1986, S. 52
5 Genesis 14, 19-20 und Das Buch Levitikus 27, 30. Im folgenden zitiert als *Heilkunde*.
6 Hildegard von Bingen, Heilkunde – Das Buch von dem Grund und Wesen und der Heilung der Krankheiten. Nach den Quellen übersetzt und erläutert von Heinrich Schipperges. Salzburg, 4. Auflage 1957, S. 130
7 Hildegard von Bingen, Ordo Virtutum – Spiel der Kräfte. Das Schauspiel vom Tanz der göttlichen Kräfte und der Sehnsucht des Menschen. Hrsg. von Bernward Kronemann. Augsburg 1991, S. 84
8 vgl. zum Wickelkind: Dieter Kühn, Neidhardt aus dem Reuental. Frankfurt 1992, S. 30
9 Hildegard von Bingen, Welt und Mensch – Das Buch *De operatione Dei*. Aus dem Genter Kodex übersetzt und erläutert von Heinrich Schipperges. Salzburg 1965, S. 153. Im folgenden zitiert als *Welt und Mensch*.
10 zitiert nach: Hans Wollschläger, Die bewaffneten Wallfahrten gen Jerusalem – Geschichte der Kreuzzüge. Zürich 1973, S. 11
11 Otto Borst, Alltagsleben im Mittelalter. Frankfurt 1983, S. 247
12 Heinrich Schipperges, Der Garten der Gesundheit – Medizin im Mittelalter. München 1990, S. 86
13 ebenda, S. 90
14 Hildegard von Bingen, Naturkunde, Das Buch von dem inneren Wesen der verschiedenen Naturen in der Schöpfung. Nach den Quellen übersetzt und erläutert von Peter Riethe. Salzburg, 4. Auflage 1989, S. 131. Im folgenden zitiert als *Naturkunde*.
15 Welt und Mensch, S. 170 und 167

Quellenverzeichnis 177

16 Das Leben der heiligen Hildegard berichtet von den Mönchen Gottfried und Theoderich. Aus dem Lateinischen übersetzt und kommentiert von Adelgundis Führkötter. 3. Auflage, Salzburg 1980, S. 72. Im folgenden zitiert als *Vita*.
17 ebenda, S. 64
18 Wisse die Wege, S. 89
19 Briefwechsel, S. 236
20 Vita, S. 71
21 Vita, S. 52
22 ebenda, S. 53
23 Otto Borst, a.a.O., S. 23
24 Wisse die Wege, S. 133
25 Welt und Mensch, S. 154
26 zitiert nach: Monika zu Eltz, Hildegard. Freiburg 1963, S. 19
27 Vita, S. 64
28 ebenda, S. 72
29 Wisse die Wege, S. 313
30 zitiert nach: Johannes Bühler, Klosterleben im Mittelalter – Nach zeitgenössischen Quellen. Frankfurt 1989, S. 134
31 Vita, S. 53
32 ebenda, S. 71
33 ebenda, S. 53
34 Naturkunde, S. 60
35 Vita, S. 71f.
36 ebenda, S. 72
37 Shulamith Shahar, a.a.O., S. 231
38 zitiert nach: Monika zu Eltz, a.a.O., S. 180
39 Wisse die Wege, S. 189
40 ebenda, S. 188

Mit dem starken Schilde der Demut
1 Wisse die Wege, S. 189
2 ebenda
3 Prolog der Benediktsregel zitiert aus: Benediktinerinnen Abtei St. Hildegard, Schnell-Kleiner Kunstführer Nr. 1895. München 1991
4 Wisse die Wege, S. 120. Dort heißt es »Genossin der Engel«. In der Ausgabe des Herder Verlags fand ich die passendere Übersetzung »Gefährtin der Engel«.
5 Welt und Mensch, S. 154
6 Georg Holzherr, Die Benediktsregel – Eine Anleitung zum christlichen Leben. Zürich, Einsiedeln, Köln, 3. Aufl. 1989, S. 55. Im folgenden zitiert als *Benediktsregel*.
7 ebenda, S. 225
8 ebenda, S. 112f.
9 ebenda, S. 115
10 ebenda, S. 118f.
11 Welt und Mensch, S. 201
12 Vita, S. 54f.
13 ebenda, S. 55
14 Welt und Mensch, S. 137
15 gemeint ist der Leib

16 Wisse die Wege, S. 123–126
17 Naturkunde, S. 15
18 zitiert nach Hans Lauer, Lebenswelt und Gesundheit bei Hildegard von Bingen (Hrsg. Bundesvereinigung für Gesundheitserziehung). Bonn o.J., S. 19
19 Heilkunde, S. 301 (im Nachwort von Heinrich Schipperges)
20 Heilkunde, S. 299
21 ebenda, S. 306
22 Welt und Mensch, S. 155
23 Vita, S. 54
24 Benediktsregel, S. 67f.
25 Welt und Mensch, S. 156
26 ebenda, S. 201f.
27 vgl. Oliver Sacks, Die Visionen der Hildegard von Bingen, in: Migräne. Stuttgart 1985, S. 109–112
28 Wisse die Wege, S. 95
29 Peter Dinzelbacher, Vision und Visionsliteratur im Mittelalter. Stuttgart 1991, S. 227
30 Wisse die Wege, S. 89
31 Benediktsregel, S. 162
32 Hildegard von Bingen, Mensch in der Verantwortung – Das Buch der Lebensverdienste *(Liber vitae meritorium)*. Nach den Quellen übersetzt und erläutert von Heinrich Schipperges. Salzburg 1972, S. 292f. Im folgenden zitiert als *Mensch in der Verantwortung*.
33 Vita, S. 72f.
34 vgl. dazu Fabio Chavez Alvarez, »Die brennende Vernunft« – Studien zur Semantik der »rationalitas« bei Hildegard von Bingen. Stuttgart-Bad Cannstatt 1991, bes. Seite 232ff.
35 Welt und Mensch, S. 156
36 Wisse die Wege, S. 90

Von Wasser umschlossen

1 vgl. Günther Stanzl, Die Klosterruine Disibodenberg – Denkmalpflege in Rheinland-Pfalz, Forschungsberichte Band 2. Worms 1992, S. 18
2 Heilkunde, S. 77
3 Günther Stanzl, a.a.O., S. 54

Eine Feder wurde berührt, daß sie emporfliege

1 Die folgenden Zitate bis zur S. 62 stammen, wenn nicht anders gekennzeichnet, aus der Vorrede zu Wisse die Wege S. 89f., aus der auch die Überlegungen Hildegards entnommen sind.
2 Hildegard von Bingen, Lieder – Nach den Handschriften herausgegeben von Prudentia Barth OSB, Immaculata Ritscher OSB und Joseph Schmidt-Görg, Salzburg 1969, S. 279. Im folgenden zitiert als *Lieder*.
3 Briefwechsel, S. 26
4 Vita, S. 73
5 Briefwechsel, S. 226
6 Wisse die Wege, S. 149
7 ebenda, S. 95
8 Christel Meier, Prophetentum als literarische Existenz, in: Gisela Brinker-Gabler,

Quellenverzeichnis 179

Deutsche Literatur von Frauen, Erster Band – Vom Mittelalter bis zum Ende des 18. Jahrhunderts. München 1988, S. 80
9 Wisse die Wege, S. 91
10 Briefwechsel, S. 227
11 ebenda
12 Christel Meier, a. a. O., S. 81
13 Irmgard Müller, Hildegard von Bingen, in: Dietrich v. Engelhardt/Fritz Hartmann (Hrsg.), Klassiker der Medizin I – Von Hippokrates bis Hufeland. München 1991, S. 50
14 zu einem anderen Gebrauch der »Unbekannten Sprache« siehe auch S. 120
15 Briefwechsel, S. 40
16 Nachwort zu Welt und Mensch, S. 325
17 Heinrich Schipperges, Hildegard von Bingen – Ein Zeichen für unsere Zeit. Frankfurt, 2. Auflage 1988, S. 14
18 Heilkunde, S. 167
19 Briefwechsel, S. 165
20 Wisse die Wege, S. 218
21 Karl Rahner, Visionen und Prophezeiungen. Basel, Freiburg, Wien, 3. Auflage 1960, S. 42
22 Briefwechsel, S. 227
23 Wisse die Wege, S. 218
24 ebenda, S. 244
25 ebenda, S. 180
26 Margot Schmidt, Die fragende Schau der heiligen Hildegard. Leutesdorf 1992, S. 9
27 Vita, S. 79
28 Norbert Ohler, Reisen im Mittelalter. München 1991, S. 263 f.
29 zitiert aus und erzählt nach: Eberhard Orthbrandt, Die Staufer. Hanau 1977, S. 96 f.
30 Briefwechsel, S. 25 f.
31 ebenda, S. 27
32 Vita, S. 56
33 vgl. Zitate aus diesem Absatz: Norbert Ohler, a. a. O., S. 256
34 Vita, S. 57
35 ebenda, S. 73
36 Briefwechsel, S. 197
37 zitiert nach Margot Schmidt, a. a. O., S. 15 f.
38 Briefwechsel, S. 30 f.
39 Welt und Mensch, S. 157 f.
40 Briefwechsel, S. 237
41 Mensch in der Verantwortung, S. 100
42 Monika zu Eltz, a. a. O., S. 91
43 Vita, S. 77
44 ebenda, S. 59
45 ebenda, S. 60
46 Welt und Mensch, S. 158 f.

Ich schaute und sah

1 Wisse die Wege, S. 95
2 ebenda, S. 205

3 ebenda, S. 279
4 Wisse die Wege, S. 156–159
5 ebenda (Nachwort von Maura Böckeler), S. 392
6 Briefwechsel, S. 227
7 ebenda, S. 240
8 zitiert nach Peter Dronke, Symphoniae, Begleitheft zur CD: Hildegard von Bingen, Symphoniae Sequentia. Deutsche Harmonia mundi, Freiburg 1985, S. 5
9 Wisse die Wege, S. 368
10 Immaculata Ritscher, Zur Musik der heiligen Hildegard von Bingen, in: Festschrift S. 195
11 Briefwechsel, S. 240
12 Lieder, S. 253, 255, 257

O Reis und Diadem im königlichen Purpur

1 Vita, S. 61
2 ebenda, S. 78
3 ebenda, S. 79
4 ebenda, S. 80
5 Briefwechsel, S. 232
6 Heilkunde, S. 223f.
7 Briefwechsel, S. 33
8 Margot Schmidt, Hildegard von Bingen als Lehrerin des Glaubens, in: Festschrift, S. 155
9 Briefwechsel, S. 103
10 Briefwechsel, S. 96. Vgl. zu den gesamten Vorgängen um Richardis den Briefwechsel S. 93–100. Daraus stammen auch – wenn nicht anders genannt – alle Zitate bis zur S. 99
11 Benediktsregel, S. 66
12 Vita, S. 79
13 vgl. zu den folgenden Ausführungen: Bernward Kronemann, a.a.O., bes. S. 8–14 und S. 70f.
14 alle Zitate aus den Briefen Hildegard – Tengswich stammen aus: Briefwechsel, S. 200–204
15 Wisse die Wege, S. 183
16 Johanna Isenbart, Das Leben in der Abtei St. Hildegard heute, in: Festschrift, S. 458
17 Briefwechsel, S. 232f.
18 Elisabeth Gössmann, Die Frau ist gleichsam das Haus der Weisheit – Zur frauenbezogenen Spiritualität Hildegards von Bingen, in: Margot Schmidt (Hrsg.), Eine Höhe, über die nichts geht – Spezielle Glaubenserfahrungen in der Frauenmystik. Stuttgart-Bad Cannstatt 1986, S. 1–18
19 Heilkunde, S. 124
20 Lieder, S. 224–227
21 Heilkunde, S. 300
22 Norbert Ohler, a.a.O., S. 267
23 Mensch in der Verantwortung, S. 35
24 Vita, S. 82
25 Briefwechsel, S. 105

Quellenverzeichnis 181

26 vgl. zu den folgenden Ausführungen: Heike Lehrbach, Katalog zur Internationalen Ausstellung »Hl. Hildegard von Bingen 1179–1979« aus Anlaß des 800. Todestages der Heiligen im Haus »Am Rupertsberg«. Bingen 1979, S. 58f.
27 Vita, S. 62
28 Benediktsregel, S. 80
29 Welt und Mensch, S. 159ff.
30 Briefwechsel, S. 83
31 Heilkunde, S. 66f
32 Wisse die Wege, S. 118
33 Briefwechsel, S. 17
34 ebenda, S. 148

Der Mensch hat Himmel und Erde in sich selber

1 Naturkunde, S. 54. Ausgabe des Herder Verlags, Heilkraft der Natur (Physica), S. 199f.
2 Naturkunde, S. 86
3 ebenda, S. 61
4 Irmgard Müller, Krankheit und Heilmittel im Werk Hildegards von Bingen, in: Festschrift, S. 347
5 vgl. dazu: Robert Wolff, Herrschaft und Dienst in Sprache und Natur – Geistesverwandtes bei Hildegard von Bingen und Stefan George, in: Festschrift, S. 239–246
6 Heinrich Schipperges, Menschenkunde und Heilkunst bei Hildegard von Bingen, in: Festschrift, S. 295
7 Heilkunde, S. 50
8 zitiert nach Irmgard Müller, Hildegard von Bingen, in: Dietrich von Engelhardt (Hrsg.), a.a.O., S. 52
9 Irmgard Müller, Krankheit und Heilmittel im Werk Hildegards von Bingen, a.a.O. S. 347
10 zitiert nach Vorwort Heilwissen (Ausgabe des Herder Verlages), S. 12
11 Heinrich Schipperges, Hildegard von Bingen: Ärztin – Mystikerin – Dichterin, in: Schweiz. Rundschau Med. (PRAXIS) 88, Nr. 51, 1991, S. 6
12 zitiert nach Monika zu Eltz, a.a.O., S. 127

Jetzt ist die laue, weibische Zeit

1 Briefwechsel, S. 232
2 Vita, S. 90
3 Mensch in der Verantwortung, S. 118
4 Vita, S. 86
5 ebenda
6 Benediktsregel, S. 313
7 Edith Ennen, a.a.O., S. 116
8 vgl. Vita, S. 110f.
9 Heilkunde, S. 157
10 J.Ph. Schmelzeis, a.a.O., S. 531–541
11 Welt und Mensch, S. 278
12 Briefwechsel, S. 171
13 Welt und Mensch (Vorspruch), S. 21
14 Briefwechsel, S. 233
15 ebenda, S. 83

16 ebenda, S. 86
17 ebenda
18 Welt und Mensch, S. 273
19 Briefwechsel, S. 49f.
20 Mensch in der Verantwortung, S. 193
21 ebenda, S. 69
22 vgl. zum Wirken der Weisheit: Wisse die Wege, S. 306f.
23 Briefwechsel, S. 170f.
24 Vita, S. 111
25 Welt und Mensch, S. 161
26 zitiert nach Adelgundis Führkötter, Hildegard von Bingen. Salzburg 1983, S. 42f.
27 Welt und Mensch (Vorspruch), S. 21
28 Briefwechsel, S. 165
29 ebenda
30 Briefwechsel, S. 165

Mitten im Weltenbau steht der Mensch

1 Mensch in der Verantwortung. Wenn nicht anders angegeben, stammen die Zitate im folgenden aus diesem Werk.
2 Welt und Mensch, S. 44
3 ebenda, S. 115
4 Die Monatsbilder des Jahreskreises sind hier den einzelnen Kapiteln zugeordnet.
5 ebenda, S. 169
6 Wisse die Wege, S. 346
7 Heinrich Schipperges, Kosmologische Aspekte der Lebensordnung und Lebensführung bei Hildegard von Bingen, in: Adelgundis Führkötter (Hrsg.), Kosmos und Mensch aus der Sicht Hildegards von Bingen. Mainz 1987, S. 2

Die fünfte Schau: Die Stätten der Läuterung

1 Welt und Mensch, S. 187, 188, 192, 197, 202

Ihr werdet herrlich strahlen in der Engel Gesellschaft

1 Welt und Mensch, S. 162
2 Briefwechsel, S. 227
3 Benediktsregel, a.a.O., S. 209
4 Briefwechsel, S. 116
5 ebenda, S. 118
6 ebenda, S. 224
7 ebenda, S. 227
8 ebenda, S. 229
9 Lieven van Ackern, Der Briefwechsel der heiligen Hildegard von Bingen (Vorbemerkungen zu einer kritischen Edition). Revue Benedictine N. 1–2, 1988, S. 167
10 Briefwechsel, S. 237. Zum letzten Konflikt, dem Interdikt, vgl. alle Zitate bis S. 165, wenn nicht anders gekennzeichnet: Briefwechsel, S. 235–246
11 vgl. Briefwechsel, S. 246. Diese Einschätzung stammt von der inzwischen verstorbenen Benediktinerin und Hildegard-Biographin Adelgundis Führkötter.
12 Bernward Kronemann, a.a.O., S. 43
13 Johannes May, a.a.O., S. 479f.
14 Vita, S. 131

Quellenverzeichnis/Bildnachweis

15 ebenda, S. 84. Die Stelle bezieht sich zwar auf eine frühere schwere Krankheit, doch ist es am richtigen Totenbett sicher nicht anders zugegangen.
16 Mensch in der Verantwortung, S. 283f.
17 Die folgenden Beschreibungen (Todesrituale, Totenmesse) entstammen: Dom P. Batselier, Benedictus – Eine Geschichte des Abendlandes. Genf 1980, S. 442–445. Nichts spricht dafür, daß auf dem Rupertsberg diese Rituale anders gewesen sein sollen. Deshalb neige ich auch eher der Ansicht zu, daß Hildegard zunächst auf dem Friedhof und erst später unter dem Chor der Kirche bestattet wurde.
18 Briefwechsel, S. 105. Dieser Brief, der schon um das Jahr 1155 datiert wird, gilt als Hildegards »Testament«.
19 Vita, S. 131
20 Welt und Mensch, S. 163
21 Vita, S. 132
22 Wisse die Wege, S. 89
23 Vita, S. 132
24 Lieder, S. 257

Zeit ohne Grenze

1 Wisse die Wege, S. 117f.

Bildnachweis

S. 8, 13, 45, 53, 77, 84, 87, 103, 122, 126, 141, 174 aus: Wisse die Wege; S. 17 aus: O. Borst, Alltagsleben im Mittelalter; S. 19: Institut für Geschichte der Medizin der Universität Heidelberg; S. 35, 49 aus: G. Stanzl, Die Klosterruine Disibodenberg; S. 39, 51, 169 aus: D.P. Batselier, Benedictus; S. 58: Benediktinerinnenabtei St. Hildegard, Eibingen; S. 67, 90, 117, 153 aus: Welt und Mensch; S. 79, 95, 119, 131 aus: E. Breindl, Das große Gesundheitsbuch...; S. 113 aus: E. Gronau, Hildegard von Bingen; S. 137 aus: R. Lasius / H. Recker, Geschichte Bd. 1 – ohne Quelle.

Bibliographie

I. Werke Hildegards von Bingen

Aus der folgenden Gesamtausgabe (mit farbigen Abbildungen) der Werke Hildegards von Bingen – alle erschienen im Otto Müller Verlag, Salzburg – wird in diesem Buch zitiert:

Wisse die Wege – Scivias. Nach dem Originaltext des illuminierten Rupertsberger Kodex der Wiesbadener Landesbibliothek ins Deutsche übertragen und bearbeitet von Maura Böckeler. 8. Aufl., 1987

Heilkunde – Causae et Curae. Das Buch von dem Grund und Wesen und der Heilung der Krankheiten. Nach den Quellen übersetzt und erläutert von Heinrich Schipperges. 4. Aufl., 1957

Naturkunde – Physica. Das Buch von dem inneren Wesen der verschiedenen Naturen in der Schöpfung. Nach den Quellen übersetzt und erläutert von Peter Riethe. 2. Aufl., 1989

Das Buch von den Steinen. Nach den Quellen übersetzt und erläutert von Peter Riethe. 2. Aufl., 1986

Das Buch von den Fischen. Nach den Quellen übersetzt und erläutert von Peter Riethe. 1991

Der Mensch in der Verantwortung. Das Buch der Lebensverdienste (Liber Vitae Meritorum). Nach den Quellen übersetzt und erläutert von Heinrich Schipperges. 1972

Welt und Mensch – Das Buch »De Operatione Dei«. Aus dem Genter Kodex übersetzt und erläutert von Heinrich Schipperges. 1965

Briefwechsel. Nach den ältesten Handschriften übersetzt und nach den Quellen erläutert von Adelgundis Führkötter OSB. 2. Aufl., 1990

Lieder. Nach den Handschriften herausgegeben von Pudentiana Barth OSB/M. Immaculata Ritscher OSB und Joseph Schmidt-Görg. 1969

In einer Taschenbuchreihe (mit schwarzweißen Abbildungen) – erschienen im Herder Verlag, Freiburg, Basel, Wien – liegen vor:

Scivias – Wisse die Wege. Eine Schau von Gott und Mensch in Schöpfung und Zeit. Übersetzt und herausgegeben von Walburga Storch OSB, Abtei St. Hildegard, 1992

Heilwissen. Von den Ursachen und der Behandlung von Krankheiten, 1991

Heilkraft der Natur – Physica. Rezepte und Vorschläge für ein gesundes Leben. Das Buch von dem inneren Wesen der verschiedenen Naturen der Geschöpfe. Erste vollständige, wortgetreue und textkritische Übersetzung, bei der alle Handschriften berücksichtigt sind. Übersetzt von Marie-Louise Portmann, Basel. Herausgegeben von der Basler Hildegard-Gesellschaft. Basel 1993

Folgende Auswahlbände geben einen Überblick über Hildegards Werk:

Hildegard von Bingen: Die Liebe hat in der Ewigkeit ihr Zelt. Textauswahl von Marianne Ligendza. Kevelaer 1988

Hildegard von Bingen. Herausgegeben und eingeleitet von Heinrich Schipperges. Olten und Freiburg im Breisgau. 5. Aufl., 1989

Hildegard von Bingen: Gott sehen. Texte christlicher Mystiker. Ausgewählt und eingeleitet von Heinrich Schipperges. 3. Aufl., 1990

Schriften der Hildegard von Bingen. Ausgewählt und übertragen von Johannes Bühler. Hildesheim, Zürich, New York 1991 (Nachdruck der Ausgabe Leipzig 1922)

II. Biographien und biographische Aufsätze zu Hildegard von Bingen

Margaret Alic, *Die Sibylla vom Rhein*. In: Hypatias Töchter – Der verleugnete Anteil der Frauen an der Naturwissenschaft. Zürich 1987, S. 76–89

Mariateresa Fumagalli Beonio Brocchieri, *Hildegard, die Prophetin*. In: Ferrucio Bertini (Hrsg.), Heloise und ihre Schwestern – Acht Frauenporträts aus dem Mittelalter. München 1991, S. 192–221

Alfons Bungert, *Die heilige Hildegard von Bingen*. Würzburg 1991

Hans A. Ederer/Adelgundis Führkötter, *Hildegard – Ein Mensch vor Gott* (Bild- und Tonschau mit Begleitheft). München/Offenbach 1984

Monika zu Eltz, *Hildegard*. Freiburg 1963

Christian Feldmann, *Hildegard von Bingen – Nonne und Genie*. Freiburg im Breisgau 1991

Adelgundis Führkötter, *Das Leben der heiligen Hildegard von Bingen, berichtet von den Mönchen Gottfried und Theoderich*. Aus dem Lateinischen übersetzt und kommentiert von Adelgundis Führkötter. Salzburg, 3. Aufl., 1980

Dies., *Hildegard von Bingen*. Salzburg, 3. Aufl. 1983

Elisabeth Gössmann, *Hildegard von Bingen*. In: Martin Greschat (Hrsg.), Gestalten der Kirchengeschichte Mittelalter I. Stuttgart 1983, S. 224–237

Eduard Gronau, *Hildegard von Bingen*. Stein am Rhein, 2. Auflage 1991

Gabriele Hoffmann, *Ich bin Posaunenklang von lebendigem Licht – Hildegard von Bingen*. In: Frauen machen Geschichte – Von Kaiserin Theophanu bis Rosa Luxemburg. Bergisch Gladbach 1991, S. 57–90

Hanna-Renate Laurien, *Hildegard von Bingen – Zeitgenossin über Jahrhunderte*. Aktuelle Information Nr. 9 (Hrsg. vom Bischöflichen Ordinariat Mainz). Mainz 1979

Johannes May, *Die heilige Hildegard von Bingen aus dem Orden des heiligen Benedikt (1098–1179)*. Kempten, München 1911

Christel Meier, *Prophetentum als literarische Existenz – Hildegard von Bingen (1098–1179)*. In: Gisela Brinkler-Gabler, Deutsche Literatur von Frauen, Erster Band. Vom Mittelalter bis zum Ende des 18. Jahrhunderts. München 1988, S. 76–87

Irmgard Müller, *Hildegard von Bingen (1098–1179)*. In: Dietrich v. Engelhardt/Fritz Hartmann (Hrsg.), Klassiker der Medizin I – Von Hippokrates bis Hufeland. München 1991

Ingrid Riedel, *Hildegard von Bingen*. In: Johannes Thiele (Hrsg.), Mein Herz schmilzt wie Eis am Feuer – Die religiöse Frauenbewegung des Mittelalters in Porträts. Stuttgart 1988, S. 35–59

Dies., *Hildegard – Prophetin der kosmischen Weisheit*. Stuttgart 1994

Heinrich Schipperges, *Hildegard von Bingen: Ärztin – Mystikerin – Dichterin*. In: Schweiz. Rundschau Med. (PRAXIS) 88, Nr. 51 1991, S. 1–8

I. Ph. Schmelzeis, *Das Leben und Wirken der heiligen Hildegardis*. Freiburg im Breisgau 1879

Rosel Termolen, *Hildegard von Bingen, Biographie*. Augsburg 1990

Ingeborg Ulrich, *Hildegard von Bingen – Mystikerin, Heilerin, Gefährtin der Engel*. München 1990

Annelore Werthmann, *Die Seherin Hildegard. Rückzug in eine großartige Welt innerer*

Bilder. In: Renée Meyer zur Capellen, Annelore Werthmann, May Widmer-Perrenoud: Die Erhöhung der Frau. Psychoanalytische Untersuchungen zum Einfluß der Frau in einer sich transformierenden Gesellschaft. F. a. M. 1993, S. 145–255

III. Ausgewählte Literatur zum Werk Hildegards von Bingen

Lieven van Acker, *Der Briefwechsel der heiligen Hildegard von Bingen* (Vorbemerkungen zu einer kritischen Edition), Revue Bénédictine N. 1–2 1988 und Revue Benedictine N. 1–2 1989

Ders., *Hildegardis Bingensis Epistolarium, Pars Prima I–IX*, erschienen im Corpus Christianorum, Continuateo Mediaevalis XCI. Turnhout 1991

Fabio Chavez Alvarez, *Die brennende Vernunft – Studien zur Semantik der »rationalitas« bei Hildegard von Bingen.* Stuttgart-Bad Cannstatt 1991

Ellen Breindl, *Das große Gesundheitsbuch der hl. Hildegard von Bingen.* Augsburg, 5. Aufl., 1989

Anton Ph. Brück, *Hildegard von Bingen 1179–1979 – Festschrift zum 800. Todestag der Heiligen.* Mainz 1979

Adelgundis Führkötter (Hrsg.), *Kosmos und Mensch aus der Sicht Hildegards von Bingen.* Quellen und Abhandlungen zur mittelrheinischen Kirchengeschichte Band 60, Mainz 1987

Elisabeth Gössmann, *Ipsa enim quasi domus sapientiae – Die Frau ist gleichsam das Haus der Weisheit –* Zur frauenbezogenen Spiritualität Hildegards von Bingen. In: Margot Schmidt (Hrsg.), »Eine Höhe, über die nichts geht« – Spezielle Glaubenserfahrung in der Frauenmystik. Stuttgart-Bad Cannstatt 1986, S. 1–18

Alfred Haverkamp, *Tenxwind von Andernach und Hildegard von Bingen.* Zwei »Weltanschauungen« in der Mitte des 12. Jahrhunderts. In: Lutz Fenske (Hrsg.), Institutionen, Kultur und Gesellschaft im Mittelalter, Festschrift für Josef Fleckenstein. Sigmaringen 1984

Gottfried Hertzka, *Das Wunder Hildegard Medizin.* Stein am Rhein, 6. Aufl., 1988

Johannes Kohl (Hrsg.), *St. Hildegard von Bingen – Festschrift zur St. Hildegardis Jubelfeier 1179–1929.* Bingen am Rhein 1929

Bernward Kronemann (Hrsg.), *Hildegard von Bingen, Ordo Virtutum – Spiel der Kräfte.* Das Schau-Spiel vom Tanz der göttlichen Kräfte und der Sehnsucht des Menschen. Augsburg 1991

Werner Lauter, *Hildegard-Biographie. Wegweiser zur Hildegard-Literatur.* Band I 1970, Band II 1970–1982. Alzey 1970, 1984

Heike Lehrbach, *Katalog zur Internationalen Ausstellung »Hl. Hildegard von Bingen 1179–1979«* aus Anlaß des 800. Todestages der Heiligen im Haus »Am Rupertsberg«. Bingen 1979

Irmgard Müller, *Die pflanzlichen Heilmittel bei Hildegard von Bingen.* Heilwissen aus der Klostermedizin. Freiburg, Basel, Wien 1993

Barbara Newman, *Sister of Wisdom* – St. Hildegard's Theology of the Feminine. University Press, Berkeley – Los Angeles 1987

Dies., *Die Mütterlichkeit Gottes – Sophia in der mittelalterlichen Mystik.* In: Verena Wodtke (Hrsg.), Auf den Spuren der Weisheit – Sophia – Wegweiserin für ein weibliches Gottesbild. Freiburg 1991, S. 82–101

Heinrich Schipperges, *Hildegard von Bingen – Ein Zeichen für unsere Zeit.* Frankfurt am Main, 2. Aufl., 1988

Bibliographie

Ders., *Die Welt der Engel bei Hildegard von Bingen.* Salzburg, 2. Aufl. 1979
Margot Schmidt, *Die fragende Schau der heiligen Hildegard.* Leutesdorf 1992
Marianne Schrader, *Die Herkunft der heiligen Hildegard.* Neu bearbeitet von Adelgundis Führkötter. Mainz 1981. (Quellen und Abhandlungen zur mittelrheinischen Kirchengeschichte Band 43)
Dies./Adelgundis Führkötter, *Die Echtheit des Schrifttums der heiligen Hildegard von Bingen.* Quellenkritische Untersuchungen. Köln und Graz 1956

IV. Ausgewählte Hintergrundsliteratur

Bonnie S. Anderson/Judith P. Zinsser, *Eine eigene Geschichte.* Frauen in Europa. Band 1 Verschüttete Spuren. Frühgeschichte bis 18. Jahrhundert. Zürich 1992 (darin besonders der Abschnitt: Frauen in der Kirche S. 247–356)
Dom P. Batselier, *Benedictus – Eine Kulturgeschichte des Abendlandes.* Genf 1980
Ernst Benz, *Die Vision – Erfahrungsformen und Bilderwelt.* Stuttgart 1969
Theodor Bogler, *Geistliche Mutterschaft – Die heiligen deutschen Äbtissinnen.* Paderborn 1935
Arno Borst, *Frauen und Kunst im Mittelalter.* In: Barbaren, Ketzer und Artisten – Welten des Mittelalters. München 1988, S. 397–408
Ders., *Lebensformen im Mittelalter.* Frankfurt, Berlin, Wien 1979
Otto Borst, *Alltagsleben im Mittelalter.* Frankfurt 1983
Gisela Brinkler-Gabler, *Deutsche Literatur von Frauen Erster Band.* Vom Mittelalter bis zum Ende des 18. Jahrhunderts. München 1988 (besonders der Abschnitt Erster Teil, II: Geistliche Autorinnen S. 65–109)
Peter Dinzelbacher, *Vision und Visionsliteratur im Mittelalter.* Stuttgart 1981
Georges Duby, *Europa im Mittelalter.* Stuttgart 1986
Georges Duby, Michelle Perrot, *Geschichte der Frauen im Mittelalter*, Bd. 2: Mittelalter. Hrsg. v. Chr. Klapisch-Zuber. Frankfurt/New York 1993
Umberto Eco, *Der Name der Rose.* München, Wien, 13. Aufl., 1983
Ders., *Kunst und Schönheit im Mittelalter.* München, Wien 1991
Edith Ennen, *Frauen im Mittelalter.* München 1985
Stephanua Hilpisch, *Geschichte der Benediktinerinnen.* Benediktinisches Geistesleben Band III. Erzabtei St. Ottilien 1951
Georg Holzherr, *Die Benediktsregel – Eine Anleitung zum christlichen Leben.* Der vollständige Text der Regel, lateinisch – deutsch übersetzt und erklärt von Georg Holzherr. Köln, 3. Aufl., 1989
Elmar Mittler (Hrsg.), *Bibliotheca Palatina.* Katalog zur Ausstellung vom 8. Juli bis 2. November 1986, Heiliggeistkirche Heidelberg. Textband. Heidelberg 1986
Norbert Ohlen, *Reisen im Mittelalter.* München 1991
Regine Pernoud, *Die Heiligen im Mittelalter – Frauen und Männer, die ein Jahrtausend prägten.* Bergisch Gladbach 1991
Dies., *Überflüssiges Mittelalter? Plädoyer für eine verkannte Epoche.* Zürich, München 1979
Dies., *Heloise und Abaelard.* Ein Frauenschicksal im Mittelalter. München 1991
Karl Rahner, *Visionen und Prophezeiungen.* Basel, Freiburg, 3. Aufl., 1960
Das Reich der Salier 1024–1125. Katalog zur Ausstellung des Landes Rheinland-Pfalz, veranstaltet vom Römisch-Germanischen Zentralmuseum Mainz, Forschungsinstitut für Vor- und Frühgeschichte. Mainz, Sigmaringen 1992

Alfons Rosenberg, *Die Frau als Seherin und Prophetin*. München, 2. Aufl. 1988
Heinrich Schipperges, *Der Garten der Gesundheit – Medizin im Mittelalter*. München 1990
Shulamith Shahar, *Die Frau im Mittelalter*. Frankfurt am Main 1988
Dies., *Kindheit im Mittelalter*. München 1991
Johannes Thiele (Hrsg.), *Die mystische Liebe zur Erde: Fühlen und Denken mit der Natur*. Stuttgart 1989
Rolf Toman (Hrsg.), *Das hohe Mittelalter*. Köln 1988

V. Discographie:

Hildegard von Bingen, Symphoniae, Sequentiae – Geistliche Gesänge. Deutsche harmonia mundi, Freiburg GD 77020
Zum Fest der heiligen Hildegard von Bingen. Gregorianische Gesänge aus Messe und Offizium. Schola und Chor der Benediktinerinnenabtei St. Hildegard, Eibingen. Deutsche harmonia mundi, Freiburg HM 942-2/882 586-907
Ordo virtutum – Spiel der Kräfte. C.-R. Körper, William Mockridge, Sequentia-Ensemble für Musik des Mittelalters. Harmonia Mundi, Köln; 2001 Versand

Danksagung

Den Schwestern der Abtei St. Hildegard in Rüdesheim-Eibingen danke ich für die Gastfreundschaft. Besonderen Dank schulde ich Sr. Scholastica Steinle OSB. Sie hat mir durch manchen Literaturhinweis und die anregenden Gespräche geholfen, Hildegard von Bingen besser zu verstehen. Auch viele ihrer kritischen Anmerkungen zum Manuskript wurden bei der Drucklegung berücksichtigt. Ich danke auch der Musikwissenschaftlerin und Kirchenmusikerin Barbara Stühlmeyer aus Harsewinkel, die für die 3. Auflage den Musikteil (S. 89–92) in wichtigen Details korrigiert hat.
Meinem Mann danke ich ganz herzlich für die vielen Abende und Wochenenden, an denen er unseren Sohn betreut hat. Er hat durch diese Unterstützung das Buch möglich gemacht. Auch der kleine Benedict mußte lernen, daß ich oft am Schreibtisch saß und in Gedanken – wie er sagte – »bei den Nonnen« war.

Biographien
Auswahl

Martin Auer
Ich aber erforsche das Leben
Die Lebensgeschichte des Jean-Henri Fabre
262 Seiten mit Fotos (80829)

Heike Brandt
»Die Menschenrechte haben kein Geschlecht«
Die Lebensgeschichte der Hedwig Dohm
128 Seiten mit Fotos (80734)
Auswahlliste Deutscher Jugendliteraturpreis

Irmela Brender
Vor allem die Freiheit
Die Lebensgeschichte der George Sand
112 Seiten mit Abbildungen (80670)

Heiner Feldhoff
Paris, Algier
Die Lebensgeschichte des Albert Camus
123 Seiten mit Fotos (80698)

Heiner Feldhoff
Vom Glück des Ungehorsams
Die Lebensgeschichte des Henry David Thoreau
112 Seiten mit Fotos (80683)

Susanne Härtel · Magdalena Köster (Hrsg.)
Die Reisen der Frauen
Lebensgeschichten von Frauen aus drei Jahrhunderten
280 Seiten mit Fotos (80728)
Auswahlliste Deutscher Jugendliteraturpreis

Frederik Hetmann
Bis ans Ende aller Straßen
Die Lebensgeschichte des Jack Kerouac
120 Seiten mit Fotos (80689)

Frederik Hetmann
So leicht verletzbar unser Herz
Die Lebensgeschichte der Sylvia Plath
112 Seiten mit Fotos (80681)

Charlotte Kerner
Alle Schönheit des Himmels
Die Lebensgeschichte der Hildegard von Bingen
192 Seiten mit Abbildungen (80736)

Charlotte Kerner
Lise, Atomphysikerin
Die Lebensgeschichte der Lise Meitner
140 Seiten mit Fotos (80664)
Deutscher Jugendliteraturpreis

Charlotte Kerner (Hrsg.)
Nicht nur Madame Curie...
Frauen, die den Nobelpreis bekamen
336 Seiten mit Fotos (80741)
Auswahlliste Deutscher Jugendliteraturpreis

Charlotte Kerner
Seidenraupe, Dschungelblüte
Die Lebensgeschichte der Maria Sibylla Merian
148 Seiten mit Abbildungen (80816)
Auswahlliste Deutscher Jugendliteraturpreis

Ilse Kleberger
Der eine und der andre Traum
Die Lebensgeschichte des Heinrich Vogeler
136 Seiten mit Fotos (80696)

Eckart Kleßmann
Der Dinge wunderbarer Lauf
Die Lebensgeschichte des Matthias Claudius
208 Seiten mit Abbildungen (80832)

Klaus Kordon
Die Zeit ist kaputt
Die Lebensgeschichte des Erich Kästner
328 Seiten mit Fotos (80838)
Deutscher Jugendliteraturpreis

Michail Krausnick
Hungrig!
Die Lebensgeschichte des Jack London
96 Seiten (80652)

Michail Krausnick
Die eiserne Lerche
Die Lebensgeschichte des Georg Herwegh
208 Seiten mit Abbildungen (80723)
Deutscher Jugendliteraturpreis

Ernst Nöstlinger
Den Osten im Westen suchen
Die Lebensgeschichte des Christoph Kolumbus
144 Seiten mit Abbildungen (80697)

Petra Oelker
»Nichts als eine Komödiantin«
Die Lebensgeschichte der F.C. Neuber
152 Seiten mit Abbildungen (80724)

Monika Pelz
»Nicht mich will ich retten!«
Die Lebensgeschichte des Janusz Korczak
116 Seiten mit Fotos (80731)
Auswahlliste Deutscher Jugendliteraturpreis

Mirjam Pressler
Ich sehne mich so
Die Lebensgeschichte der Anne Frank
160 Seiten mit Fotos (80740)

Jürgen Serke
Die verbrannten Dichter
Lebensgeschichten und Dokumente
416 Seiten mit Abbildungen und Fotos (80721)

Margret Steenfatt
Ich, Paula
Die Lebensgeschichte der Paula Modersohn-Becker
140 Seiten mit Abbildungen (80738)

Cordula Tollmien
Fürstin der Wissenschaft
Die Lebensgeschichte der Sofja Kowalewskaja
192 Seiten mit Abbildungen (80735)
Nominiert für den Deutschen Jugendliteraturpreis

Renate Wind
Dem Rad in die Speichen fallen
Die Lebensgeschichte des Dietrich Bonhoeffer
238 Seiten mit Fotos (80824)
Auswahlliste Deutscher Jugendliteraturpreis
Evangelischer Buchpreis 1993

Renate Wind
Bis zur letzten Konsequenz
Die Lebensgeschichte des Camilo Torres
128 Seiten mit Fotos (80730)

Arnulf Zitelmann
»Keiner dreht mich um«
Die Lebensgeschichte des Martin Luther King
168 Seiten (80739)
Auswahlliste Deutscher Jugendliteraturpreis

Arnulf Zitelmann
»Widerrufen kann ich nicht«
Die Lebensgeschichte des Martin Luther
144 Seiten (80737)

Arnulf Zitelmann
Nur daß ich ein Mensch sei
Die Lebensgeschichte des Immanuel Kant
295 Seiten (80744)

Beltz & Gelberg
Beltz Verlag, Postfach 10 01 54, 69441 Weinheim